WESTERN COOKING

양식 조리기능사

서문(序文)

**한권의 문학서적과 인문서적이 인생을 바꾸지만,
직업교육에 필요한 전문서적은 희망과 행복을 만듭니다.**

한 권의 문학 서적과 인문 서적은 인생을 바꾸지만, 양식조리 교육에 필요한 전문 서적은 희망과 행복을 만듭니다.

지구상의 모든 음식은 각 나라마다의 고유한 특징을 갖고 있습니다. 각 나라별로 역사의 흐름 속에서 환경, 사회, 경제, 문화적인 차이에 따라 서양조리도 다양합니다.

대한민국의 직업훈련 정책에 발 맞추어 실무중심 교육을 강화시키고자, 음식 서비스 분야의 현장에서 필요로 하는 직무를 체계적으로 적용하여 양식 전문 인력을 양성하도록 노력하였습니다. 이에, 국가 역량체계를 만들어 가는 데 도움을 주고자 양식조리 실기를 능력단위 별로 나누어 수록하였습니다.

양식조리기능사 실기 30품목을 능력 단위로 나누어 Chapter 1. 스톡 조리, Chapter 2. 전채 조리, Chapter 3. 샌드위치 조리, Chapter 4. 샐러드 조리, Chapter 5. 조식 조리, Chapter 6. 수프 조리, Chapter 7. 육류 조리, Chapter 8. 파스타 조리, Chapter 9. 소스 조리로 구성하였습니다.

교사나 학습자가 교재를 고르는 것은 신중해질 수 밖에 없습니다. 서점의 많은 책들 중에서 책 한 권을 고르는 것보다도, 교육 현장에서 가르치며 느낀 그대로의 맞춤형 교재가 필요합니다.

본서는 양식조리 교육현장과 조리현장에 적용 가능하며, 서양조리의 기본에 충실하면서 보편화된 요리들을 중심으로 본연의 맛을 추구할 수 있도록 방향을 제시하려고 노력했습니다. 급변하는 외식산업의 발전에 부응하여, 우수한 양식 조리 기능사의 배출에 기여하고자 합니다. 본 교재는 국가 기술 자격 검정의 출제 기준에 입각한 조리법 교육에 정확한 지침서가 될 수 있으리라 확신합니다.

촬영과 편집에 수고해주신 씨엠씨 황익상 실장님과 성남요리학원의 고해미 선생님과 한국음식문화 직업전문학교 선생님들에게 감사의 인사를 드립니다.

여러분들의 성공을 기원 드립니다.

저자 드림

Contents

양식 기초 조리 실무

- 기본 썰기 및 모양 내기 ·················· 8
- 재료의 계량 ································ 13
- 향신료 ······································· 14
- 치즈 ·· 20
- 기본 조리 방법 습득하기 ··············· 22

양식 조리 기능사 실기 30품목

Chapter 1. 양식 스톡 조리
- 브라운 스톡 ······························· 28

Chapter 2. 양식 전채 조리
- 쉬림프 카나페 ···························· 30
- 프렌치프라이드 쉬림프 ················ 32
- 참치타르타르 ····························· 34

Chapter 3. 양식 샌드위치 조리
- BLT 샌드위치 ···························· 36
- 햄버거 샌드위치 ························· 38

Chapter 4. 양식 샐러드 조리
- 월도프 샐러드 ···························· 40
- 포테이토 샐러드 ························· 42
- 사우전드아일랜드 드레싱 ············· 44
- 해산물 샐러드 ···························· 46
- 시저 샐러드 ······························· 48

Chapter 5. 양식 조식 조리
- 스페니쉬 오믈렛 ························· 50
- 치즈 오믈렛 ······························· 52

Chapter 6. 양식 수프 조리

비프 콘소메 수프 ·················· 54
미네스트로니 수프 ················ 56
피시차우더 수프 ···················· 58
프렌치 어니언 수프 ················ 60
포테이토 크림 수프 ················ 62

Chapter 7. 양식 육류 조리

치킨 알라킹 ·························· 64
치킨 커틀렛 ·························· 66
비프스튜 ······························· 68
살리스버리 스테이크 ············ 70
서로인 스테이크 ···················· 72
바비큐 폭찹 ·························· 74

Chapter 8. 양식 파스타 조리

스파게티 카르보나라 ············· 76
토마토 소스 해산물 스파게티 ········ 78

Chapter 9. 양식 소스 조리

이탈리안 미트소스 ················ 80
홀렌다이즈 소스 ···················· 82
브라운 그래비 소스 ················ 84
타르타르 소스 ························ 86

개인위생상태 및 안전관리 세부기준 안내 ··· 88
양식조리기능사 지참준비물 목록 ············ 89

참고문헌 ································ 90
양식조리기능사 실기 요약 ············ 91

양식

조리실기 30품목

Chapter 1. 양식 스톡 조리

브라운 스톡 28

Chapter 2. 양식 전채 조리

쉬림프 카나페 30

프렌치프라이드 쉬림프 32

참치타르타르 34

Chapter 3. 양식 샌드위치 조리

BLT샌드위치 36

햄버거 샌드위치 38

Chapter 4. 양식 샐러드 조리

월도프 샐러드 40

포테이토 샐러드 42

Chapter 5. 양식 조식 조리

사우전아일랜드 드레싱 44

해산물 샐러드 46

시저 샐러드 48

스페니쉬 오믈렛 50

Chapter 6. 양식 수프 조리

치즈 오믈렛 52

비프 콘소메 54

미네스트로니 수프 56

피시차우더 수프 58

Chapter 7. 양식 육류 조리

프렌치 어니언 수프 60

포테이토 크림 수프 62

치킨 알라킹 64

치킨 커틀렛 66

비프스튜 68

살리스버리 스테이크 70

서로인 스테이크 72

바베큐 폭찹 74

Chapter 8. 양식 파스타 조리

스파게티 카르보나라 76

토마토소스 해산물 스파게티 78

Chapter 9. 양식 소스 조리

이탈리안 미트소스 80

홀렌다이즈 소스 82

브라운 그래비 소스 84

타르타르 소스 86

양식 기초 조리 실무

1. 기본 썰기 및 모양내기

유럽에서는 모양내기와 썰기를 구분한다. 모양내기는 당근, 무, 감자 등을 토막내어 4등분으로 나누어 다시 겉모양 갖추기, 다듬기 등을 거쳐 완성된 모양을 만드는 것을 말한다. pommes fondantes, pommes chateau, pommes olivettes 등이 있다. 썰기는 ciselage라고 해서 원래 생선을 쉽게 익히기 위하여 칼집을 넣는다는 의미이다. 기본적으로 모양내기와 썰기는 chiffonade, julienne, hache 등이 있다.

1) 채소 썰기 용어(Vegetable Cutting Terminology)

용어	방법	사 진
Emence/Slice (에망세/슬라이스)	채소를 얇게 저미는 것이다.	
Batonnet or Large Julienne (바또네 또는 라지 줄리앙)	0.6×0.6×6cm 길이며 네모 막대형 채소 썰기이다.	
Allumette or Medium Julienne (알루메트 또는 미디엄 줄리앙)	0.3×0.3×6cm 길이며 성냥개비 크기의 채소 썰기이다.	
Fine Julienne (화인 줄리앙)	0.15×0.15×5cm 정도의 길이며 가늘게 썰기로, 주로 당근이나 무, 감자, 셀러리 등을 조리할 때 많이 쓰인다.	
Chiffonade (쉬포나드)	실처럼 가늘게 써는 것으로 바질잎이나 상추잎, 허브잎 등을 겹겹이 쌓은 다음 둥글게 말아서 가늘게 썬다.	

용 어	방 법	사 진
Cube or Large dice (큐브 또는 라지 다이스)	2×2×2cm 크기의 사위형으로 기본 네모 썰기 중에서 가장 큰 모양으로 정육면체 모양의 썰기이다.	
Medium dice (미디엄 다이스)	1.2×1.2×1.2cm 크기의 주사위 형으로 정육면체 모양의 썰기이다.	
Macedoine (마세도앙)	1.2×1.2×1.2cm 크기로 주사위 형태로 과일샐러드 만들 때 사용한다.	
Paysanne (빼이잔느)	1.2×1.2×0.3cm 크기의 직육면체로 납작한 네모 형태이며 야채스프에 많이 들어간다.	
Small dice (스몰 다이스)	0.6×0.6×0.6cm 크기의 주사위 형으로 정육면체 모양의 썰기이다.	
Brunoise (브루노와즈)	0.3×0.3×0.3cm 크기의 주사위 형으로 작은 모양의 네모 썰기로 정육면체 썰기이다.	
Fine Brunoise (파인 브루노와즈)	0.15×0.15×0.15cm 크기의 주사위 형으로 가장 작은 형태의 네모 썰기로 정육면체 모양의 썰기이다.	
Hacher/Chopping (아세/찹핑)	채소를 곱게 다지는 것이다.	

용 어	방 법	사 진
Parisienne (파리지엔)	야채나 과일을 둥근 구슬 모양으로 파내는 방법으로 파리지엔 나이프를 사용한다. 요리 목적에 따라서 크기를 다르게 할 수 있다.	
Carrot Vichy (캐롯 비취)	0.7cm 정도의 두께로 둥글게 썰어 가장자리를 비행접시 처럼 둥글게 도려낸다.	
Olivette (오리베트)	중간 부분이 둥근 마치 위스키 통이나 올리브 모양으로 써는 방법을 말한다. 이 방법 역시 썬다기보다는 '깎는다', '다듬는다'가 더 어울린다.	
Chateau (샤토)	가운데가 굵고 양쪽 끝이 가늘게 5cm 정도 길이의 계란 모양으로 써는 것을 말한다. 샤토는 썬다기보다는 다듬기가 더 어울리고 선이 아름답게 일정한 각도로 휘어져 깎이도록 해야 한다.	
Wedge (웨이지)	레몬이나 감자 등을 반달 모양으로 써는 것이다.	
Concasse (콩카세)	토마토를 0.5cm 크기의 정사각형으로 써는 것으로, 토마토의 껍질을 벗기고 살 부분만을 썰어 두었다가 각종 요리의 가니쉬나 소스에 사용한다.	
Mince (민스)	야채나 고기를 으깨는 것이다.	

2) 토마토 모양내기(Tomato Garnish)

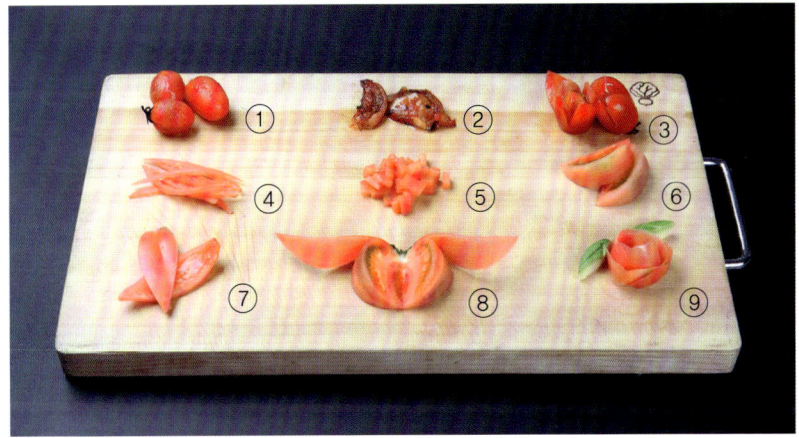

① 방울토마토(Cherry Tomato)
② 썬드라이 토마토(Sun Dry Tomato)
③ 플라워토마토(Flower Tomato)
④ 줄리앙 토마토(Julienne Tomato)
⑤ 콩카세(Concasse Tomato)
⑥ 웨이지 토마토(Wage Tomato)
⑦ 리브토마토(Leaf Tomato)
⑧ 토끼 토마토(Rabbit Tomato)
⑨ 장미 토마토(Rose Tomato)

3) 감자요리와 모양내기(Pomme de Terre)

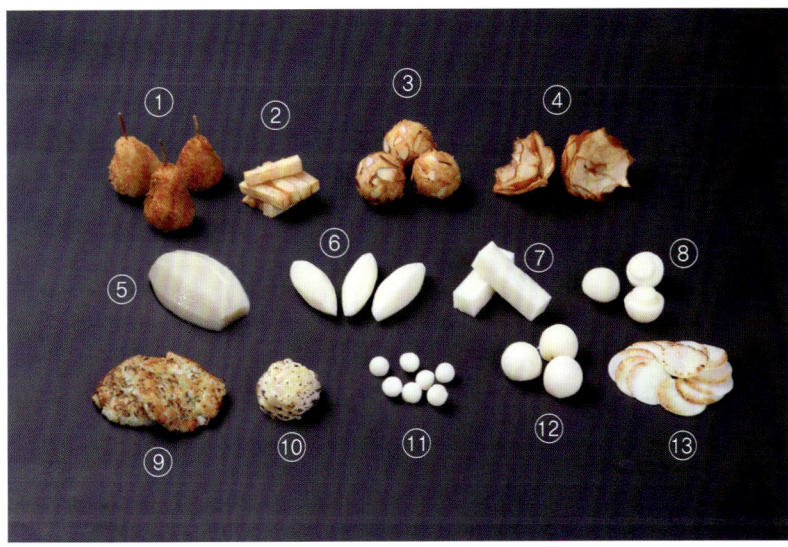

(1) 포테이토 윌리엄(Potato William)

　감자 퓨레를 만들어 배 모양으로 빵가루 입혀 기름에 튀겨 낸다.

(2) 프렌치 프라이(Potato Fries, French Fries)

　감자를 사방 1cm, 길이 5~6cm의 크기로 썰어 찬물에 헹구어 물기를 닦은 다음, 160℃ 튀김 기름 온도에서 10분 정도 튀겨내서 다시 180℃ 기름에 튀겨 뜨거울 때 소금을 뿌려낸다.

(3) 베르니 포테이토(Potato Berny)

　감자를 통째로 익혀 껍질을 제거한 다음 으깬다. 달걀 노른자(Egg Yolk), 소금(Salt), 후추(Pepper)를 첨가하여 반죽(Dough) 상태로 만들어 모양을 만든다. 계란 물에 적신 다음 아몬드에 묻혀 디프 팻 프라이(Deep Fat Fry) 한다.

(4) 포테이토 페르시에(Potato Persillee)

　보일드 포테이토(Boiled Potato)로 파슬리 춉(Parsley Chop)을 뿌려준다.

(5) 보일드 포테이토(Potato Boiled)

　감자 한 개를 계란 모양으로 깎은 다음, 반으로 자른다. 소금 탄 물에 삶아 익히면 건져서 버터를 바르고 간을 한다. 파슬리 다진 것을 뿌려 제공한다. 생선요리에 주로 이용한다.

(6) 포테이토 샤또 스타일(Potato Chateau Style)

　샤또(Chateau) 모양으로 감자를 다듬어 삶거나(Boiled) 튀긴다(Saute).

(7) 포테이토 파르망티에(Potato Parmentier)

　1/2 큐브(Cube) 크기로 다듬어 조리한다.

(8) 포테이토 샹피뇽(Potato Champignon)

　감자를 양송이 모양으로 만들어 Boil 또는 Saute한다.

(9) 퐁 뇌프 감자튀김(Potato Pont-neuf)

　퐁 뇌프(Pont-neuf)의 다리 기둥 모양으로 사각의 직육면체에 모서리를 조금씩 자른 후 배가 볼록한 모양을 하여 삶은 후 기름에 튀겨낸다.

(10) 감자 크로켓(Potato Croquette)

　감자를 삶아서 껍질을 제거하여 달걀 노른자, 소금, 후추, 넛맥을 넣어 반죽(Dough)한 다음 길이 4cm, 지름 1.5cm 정도로 길쭉하게 모양내어 달걀 물에 적시고 빵가루를 묻혀 디프 팻 프라이(Deep Fat Fry) 한다.

(11) 포테이토 페어(Potato Pear)

　작은 구슬 모양으로 삶아 파슬리 가루를 뿌려준다.

(12) 포테이토 노르망디(Potato Normande)

　감자의 껍질을 제거하고 얇게 슬라이스(Slice) 한 다음, 양파와 함께 볶는다. 우유와 밀가루(Flour)를 첨가하여 그라탱(Gratin) 한다.

(13) 포테이토 안나(Potato Anna)

　감자를 원통으로 다듬어 얇게(2mm) 슬라이스 하여 두꺼운 팬에 반쯤 익혀 형틀에 쌓아 오븐에서 완전히 익힌다.

2. 재료의 계량

정확한 개량은 재료를 경제적으로 사용하고 과학적인 조리를 할 수 있는 기본이 된다. 조리를 합리적, 계획적으로 하기 위하여 각종 계량 컵이 이용되고 있으며, 조리 목록의 작성 등 조리 과학에 매우 중요하다.

1) 체적계기의 종류

- cylinder : 크기별로 다양하다.
- 계량컵 : 크기별로 다양하며, 용도에 따라 합리적인 모양이 다양하다.
- 계량국자, 계량 스푼 : 용도별, 크리별로 다양하며 소량의 계측에 적당하다.

2) 계량기기의 종류

- 저울 : 형태별, 용도별로 다양하며 최근에 전자 저울이 많이 사용된다.

3) 온도계

수은 온도계, 알콜 온도계, 튀김용 온도계, 자기 온도계, 전자 감응식 온도계 등 유형별, 형태별, 용도별로 다양하다.

4) 무게와 용량을 나타내는 단위

3tsp	1Tbsp		16Tbsp	1cup
2cup	1pint		4quart	1gallon
16ounces	1 pound		28.35 grams	1 ounces
453.59 grams	1 pound		2.2 poinds	1 kilogreams

5) 섭씨와 화씨의 온도 전환 공식

- $c = 5/9(F-32)$
- $F = 9/5C+32$
- C = Centigrade, F = Fahrenheit

3. 향신료

현재 세계 각국에서 판매되고 있는 향신료의 종류는 겨자, 계피 가루, 레몬, 필, 카레가루, 카르다몸, 커민, 파프리카, 후춧가루 등이 있다. 단독의 향신료 외에 카레 가루같이 여러 종류의 향신료를 섞어 만드는 것도 있다. 카레 가루는 후추, 넛맥, 생강, 계피, 정향, 코리앤더(coriander), 쿠민(cumin), 딜(dill), 회향, 심황, 카더몬 같은 향신료를 배합한 것이다. 또한 멕시코의 칠리파우더는 고추를 주로 하여 오레가노(oregano)와 elf, rm 외의 몇 가지 향신료를 혼합한 것이다.

향신료의 사용법은 비교적 어렵다. 음식을 만드는 법을 보면 '소량' 또는 '적당히'라고 기록되었고, 몇 g 또는 몇 숟갈이라고 정확하게 표시되어 있지 않다. 이유는 사용량이 적어서이기도 하지만 같은 향신료라 할지라도 맛의 강도가 다르기 때문이다. 향신료를 지나치게 사용했을 때는 음식의 맛을 그르치게 되므로 사용량에 대하여 주의를 요한다.

향신료의 종류에는 신선한 Fresh herb와 말려둔 Dry Spices, 식초나 소금에 절여 병이나 캔에 저장해둔 것들이 있다.

1) Fresh Herb

(1) 오레가노(oregano) : 민트과에 속하며 매우 강한 식물로 멕시코, 이태리, 미국 등지에서 자생한다. 주로 멕시칸과 이탈리안 요리에 흔히 사용되는 것으로 우리에게는 피자와 파스타의 향으로 친숙해져 있다. 물론 여기에 사용되는 오레가노는 건조시킨 잎이나 곱게 갈아서 만든 파우더 형식이 주로 이루고 있다. 하지만 최근에는 국내 생산이 가능하여 후레쉬 오레가노를 요리의 가니쉬, 드레싱, 소스에 이용할 수 있다.

특히 가금류와 육류의 로스팅에는 후레쉬 오레가노를 소금, 후추, 로즈마리 기름과 함께 사용하면 그 향의 진가를 발휘할 수 있다.

(2) 딜(Dill) : 원산지는 유럽으로 기후만 적당하면 어디서든 잘 자라는 생명력을 가지고 있다. 딜은 후레쉬 딜(fresh dill), 말린 것은 딜 위드(dill weed), 딜 씨드(dill seed) 등으로 구분한다. 딜의 사용은 연어찜, 절임 연어, 피클, 샐러드, 사워크라우트, 수프, 소스 등 주로 가벼운 향을 원하는 요리에 적당하다.

(3) 바질(Basil) : 민트과에 속하는 일년생 식물로, 원산지는 동아시아와 유럽이지만 우리나라에서도 재배가 가능하여 현재 많이 사용하고 있다. 특히 토마토 요리에서 흔히 이용되는데 이태리 요리에서는 빼놓을 수 없는 향신초이며 샐러드의 드레싱, 생선요리, 수프에 사용된다.

(4) 처빌(Chervil) : 처빌의 사용은 현대에 와서 급증하는 추세를 보이고 있다. 그 이유는 국내에서 처빌의 생산이 수요를 감당할 만큼 늘었고 그 맛이 순하여 동양인의 입맛에 잘 어울리기 때문인 것으로 분석된다. 원산지는 서아시아와 러시아이고 생선이나 수프의 가니쉬로 사용되기도 하고 샐러드에 첨가하면 그 순한 맛이 품위를 한층 더 높여준다.

(5) 커리엔더(Coriander) : 파슬리과에 속하는 식물로써 프랑스 및 멕시코에서 발견되었다. '고수'라 불리기도 하고 '중국파슬리'라고도 한다. 열매는 작은 후추만 하고 마치 모래알처럼 밖으로 튀어나와 있다. 향이 강하므로 사용 시 양을 적절히 사용해야 하고 너무 많이 가하면 맛이 변하는 경우가 있으므로 사용 시 양을 적절히 조절해야 하고 후레쉬로 사용할 경우 잎의 조직이 매우 연하므로 물리적 방법을 너무 많이 가하면 맛이 변하는 경우가 있으므로 가능한 단순한 요리 방법을 택하는 것이 좋다.

(6) 마죠람(Marjoram) : 감미로운 향과 그 잎의 매듭이 곱게 난 것이 상품으로 간주된다. 원산지는 지중해 지역이지만, 영국, 독일, 프랑스, 체코슬로바키아 등 유럽 등에 널리 분포되어 있다. 신선한 상태로 사용하기도 하지만 말려서 사용할 때는 일반적으로 꽃이 핀 직후 수확하여 말린다. 감자수프, 거위수프, 오리간, 달팽이 소스, 토끼 요리, 햄을 만들 때 매우 다양하게 쓰이고 있다.

(7) 민트(Mint) : 서양요리에 매우 광범위하게 사용되고 있으며, 종류에 있어서도 매운 맛을 내는 페퍼민트, 향을 내는 애플민트, 캣민트, 스페어민트 등 다양하게 있고 모양새도 조금씩 다르다. 민트의 사용은 껌, 알코올, 음료, 캔디, 페스츄리 뿐만 아니라 육류, 채소, 수프, 소스, 생선 등에 널리 이용되고 있다.

(8) 로즈마리(Rosemary) : 보라색 꽃을 피우며 지중해 연안에 자생하는 잡목의 일종으로 그 잎을 그대로 또는 말려서, 말린 것을 갈아서 사용하는데 말린 것은 대부분의 육류 요리에 있어 향을 내기 위한 목적으로 쓰이는데 특히 양고기와 돼지고기를 굽거나 조리는 데 많이 쓰인다.

(9) 타라곤(Tarragon) : 다년생 허브로써 유럽이 원산지이고 러시아나 몽골리아에서는 화초로 많이 키우고 있다. 타라곤은 말릴 경우 향이 줄어들기 때문에 신선한 오일에 절여 두었다가 그 식초와 오일을 사용하기도 한다. 신선한 잎을 따서 샐러드나 피클, 수프에 넣으면 은근한 향을 낸다.

(10) 세이지(Sage) : 세이지는 잎만을 사용하는데, 잎을 따서 말리기도 하고 신선한 상태로 가금류나 육류의 속을 채워 로스트나 스튜를 할 때 많이 쓰인다.

(11) 다임(Thyme) : 전통적인 지중해 허브의 하나이지만 현재에는 유럽 각국과 영국, 미국 등 넓게 분포되어 있다. 주로 로스트, 소스, 수프 등 널리 이용된다.

베이비캐럿 　　　　 아스파라거스 　　　　 그린피스 　　　　 프리세

루꼴라 　　　　 엔다이브 　　　　 그린비타민 　　　　 영캐비지

라디치오 　　　　 샬롯 　　　　 파프리카 　　　　 대추방울토마토

라임 　　　　 아보카도 　　　　 석류 　　　　 만가닥버섯

2) Dry Spices

(1) 월계수 잎(Bay leaf) : 일반적으로 상록관 목수와 진녹색 잎을 말려서 사용하는데 말리면 연한 올리브 녹색으로 변하게 된다. 원산지는 지중해 연안이고 특히 이태리에서 많이 생산되고 유고슬로바키아와 그리스, 터키를 중심으로 자생한다. 미곡, 서구에서는 만병초라 부른다. 육류 스튜, 소꼬리수프, 소스, 청어절임, 토마토 등 거의 모든 요리에 사용된다고 할 수 있는데 특히 양고기의 냄새를 없애거나 갈비 절임에도 좋다.

(2) 클로브(Cloves) : 인도네시아가 원산지인 열대목의 꽃을 개화되기 전에 수확하여 건조시킨 것으로 향이 매우 강하다. 프랑스를 비롯하여 전 세계적으로 요리를 만들 때 없어서는 안 될 매우 중요한 향신료로 인식되어 왔고 현재도 전 세계적으로 많이 사용되고 있다.

(3) 라벤더(Lavender) : 푸른색과 핑크 또는 흰색의 향이 좋은 꽃을 피우고 사절 푸른 잎을 가지고 있다. 라벤더의 기름은 통증을 가라앉히고 근육을 풀어주는 효과가 있어 약용으로 많이 쓰인다. 또한 목욕이나 세탁물을 보관하기 위한 향으로 널리 쓰이고 있다. 다른 향신료와 같이 직접적으로 요리에 향을 내기 위하여 쓰이는 경우는 없으나 "라벤더 식초(Lavender vinegar)"를 만드는 데 즐겨 사용되고 있다.
꽃이 달린 줄기를 병에 넣고 식초를 부어 2~3주간 담구어 두면 훌륭한 라벤더 식초가 된다.

(4) 계피(Cinnammon) : 주요 생산지는 스리랑카와 미국, 중국 등이고, 그 품질은 두께가 얇고 향기가 좋은 것이 상품이고 대부분은 미국의 카시아(casia) 계피가 많이 이용되고 있지만 근래에 와서 사이공에서 생산되는 계피가 품질과 향면에서 뛰어나 각광을 받고 있다. 가루계피는 패스츄리, 빵, 푸딩, 캔디 등에 통계피를 과일조림, 피클, 수프 등에, 계피오일은 향의 목적과 의학적인 목적으로 사용되기도 한다.

(5) 넛맥(Nutmeg) : 원산지는 인도네시아의 몰루카섬이고 그 외에 서인도 제도 반다섬과 파푸아, 브라질 등에서도 생산되고 있다. 평균 10~12m 높이 나무에 복숭아 같은 열매의 씨를 말려서 만드는데 표면의 코팅된 껍질은 메이스(mace)의 원료로 쓰인다. 향은 달콤하면서도 깊은 맛을 지니고 있다. 크림푸딩, 수프, 치킨, 송아지, 사슴고기, 스튜 등에 사용된다.

(6) 메이스(Mace) : 인도네시아 몰루카섬(moluccas lisland)이 원산지로 넛맥(nutmeg) 나무에서 생산된다. 향은 넛맥보다 더 미세하며 매우 높은 방향성을 지니고 있다. 주로 유기공품에 쓰이며 케이크, 빵, 푸딩 요리, 계란 요리 등에도 이용하면 좋다.

(7) 후추(Pepper) : 중세기에 후추의 가격은 금값과 비교될 만큼 비싸서 일반인들에게는 신비의 약초로 알려져 있었다. 후추는 검은 것과 흰 것이 있는데 검은 것이 일반적으로 더 맵고 톡 쏘는 맛이 강하다. 검은 후추는 동남아시아 주로 말라바르 해협, 보루네오, 자바, 수마트라가 원산지이고 피페르 니그름이라는 넝쿨에서 완전히 익기 전의 열매를 수확하여 햇볕에 말린 것이다. 완전히 익었을 때는 붉은 색으로 변하는데 이것이 핑크 페퍼 콘(pink pepper corn)을 만든다. 흰 것은 말라바 해협에서 생산되는 것이 최상의 품질로 알려져 있다. 후추는 가루를 내어 쓰기도 하고 통째로 요리에 넣기도 한다.

(8) 샤프론(Saffron) : 붓꽃의 일종으로 아시아가 원산지이나 스페인, 프랑스, 이태리, 남아프리카에서도 자라고 있다. 초가을에 가장 먼저 피어나는 꽃 중에 붉은 부분만을 골라 생산되는데 그 맛은 씁쓸하고 약간 단맛을 지니고 있다. 샤프론은 소스, 수프, 생선, 쌀, 감자, 패스츄리에 아름다운 색을 부여한다.

(9) 커리(Curry) : 인디아가 주산지이나 현대에 와서는 인도네시아를 비롯하여 우리나라 등 동남아 전역에 두루 사용되고 있다. 본래의 커리만을 사용한다기보다는 케메릭(turmeric), 커리엔더(coriander), 생강, 캐러웨이(caraway) 등 여러 스파이스를 섞어 만들어 내기 때문에 그 종류도 매우 다양하다. 커리가 사용되는 요리는 수백 가지에 달하며 우리나라에서도 익숙한 커리라이스, 커리치킨, 소스, 채소 잎 등이 있다.

(10) 올 스파이스(All spice) : 자메이카 열대에서 자생하는 키 작은 상록수의 열매에서 추출된다. 서인도섬과 남아메리카, 멕시코 등지에서도 자생하는데 피멘토, 피멘타라 불리면서 자메이카 후추로도 많이 알려져 있다. 향은 클로브, 넛맥, 시나몬 등 다양한 향신료와 비슷한 향을 갖고 있으며, 용도도 다양하여 소시지, 생선, 피클, 렐리쉬의 잎, 디저트 등에 두루 사용된다.

3) 기타

(1) **케이퍼(Caper)** : 프랑스, 스페인, 이태리, 몰타 등 지중해 및 인접 지역에서 자라고 있는 케이퍼 줄기에 달리는 꽃봉오리를 말한다. 소금물에 절이기도 하고 식초에 담가 보관하기도 하는데 소금물에 담아 보관하는 것은 사용 시에 한 번 정도 씻어주는 것이 좋다. 육류 스튜와 타르타르 소스, 샐러드, 소스, 청어절임 등 매우 다양하게 쓰인다. 사용 시 주의점은 요리가 완성된 상태에서 사용하면서 첨가 후 익지 않도록 한다.

(2) **올리브(Olives)** : 올리브는 지중해를 대표하는 열매로서, 올리브 나무의 품종은 수백여 가지 인데, 학명은 모두 올레아 유로피아(olea europaea)로 분류된다. 올레아는 라틴어로 오일(oil), 즉 기름을 뜻하며, 올리브기름은 담백하고 맛이 깊기 때문에 그대로 빵을 찍어 먹거나 샐러드에 많이 사용한다. 올리브의 종류에는 그린올리브, 블랙 올리브를 비롯하여 그린 그레이, 레드 브라운, 다크레드 등 다양하며 익은 정도에 따라서 맛, 향, 식감이 차이가 있으며 그린 올리브가 블랙 올리브에 비해 식감이 단단하고 아삭하다.

(3) **홀스래디쉬(Horseradish)** : 중앙 유럽과 아시아가 원산지인 겨자과의 이 식물은 톡 쏘는 맛이 일품이다. 현재 전유럽과 미국에서 많이 생산되고 있으며 이 뿌리의 껍질을 벗겨 식초와 우유를 넣고 끓여 넣기도 하고 식초와 소금을 가미하여 저장도 하는데 사용 시 취향에 따라서 크림이나 레몬주스, 사과즙 등을 첨가한다. 신선한 것은 강판에 갈아서 소스, 생선, 소고기 등에 사용하면 얼얼한 맛이 일품이다.

(4) **머스타드(Mustard)** : 머스타드는 온화한 기후와 열대기후 어디서든 자생하는 생명력 덕분에 세계 어디서든 광범위하게 퍼져 있다. 채소로 사용되는 머스타드 잎은 날것으로 먹기도 하고 열을 가하기도 한다. 하지만 더욱 다양하게 사용되고 있는 것은 머스타드 식물의 씨를 이용한 것이다. 머스타드 씨는 밝은 밤색으로 갈아서 사용하는데 양념으로 가미한 머스타드를 만들 때는 부드러운 것이 특징이다. 이외에도 홀스래디쉬를 섞거나 지방 특색을 살린 독일식, 오스트리안식, 자메이카식 등이 있다. 소스, 샐러드, 피클 등에 사용하고 육류와 곁들여 먹기도 한다.

4. 치즈

이탈리아 요리에서 중요한 역할을 하고 있다. 로마를 바탕으로 이탈리아 요리에 중요한 가치를 가진 식품이다. 이탈리아의 치즈는 지역에 해당하는 고유의 지방적 특징을 가지고 있으며 소, 양, 염소, 들소의 젖과 각 지방 고유의 기후와 생태환경에 따라 치즈의 성질을 구분한다. 고르곤졸라, 파르미지아노 레지아노와 같은 상표는 원산지 통제 명칭 등을 사용하여 고유한 지역에서 만든 치즈에만 명칭을 사용할 수 있다.

치즈의 분류는 사용된 원유(젖소, 양, 순록, 물소, 당나귀, 낙타 등)에 따라 분류하기도 하고 숙성시킬 때 사용한 곰팡이나 박테리아 종류에 따라 도는 치즈의 제조과정에서 이용한 응결방법, 숙성방법, 첨가물, 숙성조건(온도, 시간, 습도)에 따라 분류하기도 하지만 대체적으로 경·연질에 따라 분류된다.

(1) 연질치즈
연질치즈는 가장 부드러운 치즈를 말하며 수분함량은 45~50% 정도이고, 비숙성, 세균숙성, 곰팡이 숙성으로 분류한다. 연질 치즈 중에서도 비숙성 치즈는 스푼으로 떠서 먹거나 빵 등에 발라 먹을 수 있다.
대표적으로 코티지치즈(cottage cheese), 크림치즈, 마스카포네 치즈, 까망베르치즈, 브리치즈, 끌로미에 치즈 등이 있다.

(2) 반경질치즈
반경질 치즈는 세균숙성 치즈와 곰팡이 숙성 치즈로 분류되며 수분함량은 40~45% 정도로 대부분 응유를 익히지 않고 압착하여 만들어진다.
모짜렐라치즈, 페타치즈, 브릭치즈, 고르곤졸라치즈, 호크포흐치즈, 스틸톤 치즈 등이 있다.

(3) 경질치즈
경질치즈는 수분함량이 30~40%로 일반적으로 제조과정에서 응유를 끓여 익힌다음 세균을 첨가하여 3개월 이상 숙성시켜서 만들어진다. 큰 바퀴형태로 숙성시키면 단단해지므로 운반과 저장이 용이하다.
대표적으로 에멘탈치즈, 그뤼에르치즈, 체다치즈, 에담치즈, 고다치즈, 프로볼로네치즈, 라끌레트치즈 둥이 있다.

(4) 초경질치즈
초경질치즈는 수분함량이 25~30%인 매우 단단한 치즈로서 이태리의 대표적인 치즈인 Pamesan과 Romano이다. 이것은 주로 분말형태로 만들어서 샐러드나 피자, 스파게티 등 요리의 마무리 과정에서 사용한다.

(5) 파르미지아노 레지아노 치즈

(가) 파르미지아노 치즈라고도 하며 팔마산 치즈라고 한다.

(나) 이탈리아 에밀리아 로마냐 주의 파르마가 원산지이다.

(다) 1년 이상 숙성되어야 하며 고급제품은 4년 정도 숙성시킨다.

(라) 제한된 지역에서 엄격하게 통제된 가운데 만들어지고 있다.

(마) 조각을 내어 식후에 먹거나 소를 채운 파스타에 갈아 넣어 풍미를 살리거나 볼로네제 소스 위에 뿌려 먹는 등 여러 가지 파스타의 풍미를 살리는 데 이용된다.

(6) 그라나 빠다노 치즈

(가) 소젖으로 만들어지는 압축가공 치즈로 파르미지아노 레지아노 치즈와 비슷한 유형의 치즈다.

(나) 부서지기 쉬운 낱알구조로 되어 있다.

(다) 파르미 지아노 치즈보다 역사는 짧지만 독특한 제조 방법과 고품질의 맛을 가지고 있다.

(라) 이탈리아의 북부 지역에서 많이 사용된다.

5. 기본 조리 방법 습득하기

1) 조리방법(Cooking methods)

식품의 조리는 공기(air), 기름(fat), 물(water), 증기(steam)에 의해서 이루어진다. 이것들을 흔히 조리 "매개체(meadia)"라고 하는데, 일반적으로 건식열(dry heat)과 습식열(moist heat)의 두 가지 형태로 구분한다.

건식열 조리방법은 공기나 기름을 이용하는데, 철판구이(broiling), 석쇠구이(grilling), 오븐구이(roasting or baking), 소테(Sauteing), 튀김(deep-frying)과 같이 열을 가하되 수분이 동반되지 않고 연기의 향을 최대한 살려주는 조리방법으로 표면의 색이 짙은 밤색으로 변화되는 경우가 많다.

습식열 조리방법은 물이나 수증기를 사용하는 것이다. 습식열 조리방법에는 삶기(poaching), 끓이기(boiling), 찌기(steaming), 은근히 끓이기(simmering)와 같은 조리방법이 있다. 습식 조리방법은 재료의 자연적인 향과 맛을 강조하는 조리방법이다.
이외에도 다른 조리방법은 이 두 가지를 적절하게 혼합하는 복합방식으로 브레이징(braising), 슈트(stewing) 등이 있다.

가. 건식열 조리방법(Dry-heat cooking methods)

(1) 구이(broling)

구이는 열전달이 다단계를 이루면서 마지막에 식재료에까지 영향을 준다. 최초의 열은 매우 고온으로 1,000℃ 이상이지만 방사에 의해 철판 또는 금속성 조리기구로 전달되어 최종 온도는 조리에 알맞게 된다. 물론 인위적으로 조절이 가능하도록 한다. 식재료에 직접적으로 열이 닿게 되면 재료에 손상을 입게 되므로 금속성 조리기구에 열을 먼저 가한 다음 적정온도가 되었을 때 재료를 넣어 조리한다. 따라서 처음 열원에서 직접적으로 조리 기구에 열을 가하고 다음으로 조리매개체에 열을 가하면 조리에 알맞은 온도가 되었을 때 재료를 넣는다.

(2) 팬후라이(Pan-frying)

열원으로부터 열이 전도되어 소량의 기름을 넣어 조리하는 것은 소테와 동일하나 조리시작 때의 표면온도는 소테보다 비교적 낮으며 조리시간도 길다.

팬후라이를 할 때 팬은 충분히 예열되어 있어야 하는데 그 이유는 조리할 재료에 필요 이상으로 기름이 스며드는 것을 막아야 하기 때문이고 낮은 온도에서 시작하면 완성되었을 때 요리의 질감이 떨어지기 때문이다.

팬후라이를 시작하는 온도는 소테보다 조금 낮은 170~200℃가 적합하며 식재료의 색이 적당하게 되었을 때는 온도를 조절해주는 조리의 시작과 끝 사이에 적당한 시간을 안배하여야 한다.

(3) 오븐구이(roasting or baking)

오븐구이는 일정한 공간 내에 조리할 재료를 두고 뜨거운 열이 재료의 주위를 맴돌게 함으로써 구워지는 결과를 가져오도록 하는 것이다. 로스팅이란 가름류(poultry)나 육류(meats)를 오븐에서 굽기 할 때를 말하고, 베이킹은 생선(fishes), 과일(fruits), 야채(vegetables), 빵(breads), 제과류(pastrys)를 오븐으로 구이 할 때 사용한다.

조리방법은 대류형식의 열기가 전체적으로 골고루 돌게 되면 전도에 의해서 식재료가 조리되는데 표면이 갈색으로 바뀌면서 당류의 캐러멜화(caramelization) 현상이 두드러진다. 온도는 재료와 조리 목적에 따라 차이가 있지만, 일반적으로 캐러멜화가 시작되는 170~220℃에서 시작되므로 미리 오븐의 온도를 예열시키는 것이 좋다.

(4) 소테(sauteing)

소테는 많은 양을 조리하기보다는 적은 양을 순간적으로 실행 하는 매우 효과적인 조리방법이다. 예열된 소테 팬에 적은 양의 기름을 두르고 기름에서 연기가 발생할 때쯤 시작하면 좋은 결과를 얻을 수 있다. 소테 조리를 하는 목적은 식품의 영양소 파괴를 최소화하면서 식품에서 맛있는 즙이 빠져 나오는 것을 방지하기 위함이다. 육류의 경우 표면에 소테를 함으로써 표면의 기공을 막아 육즙의 손실을 최소화하는데 스테이크를 조리할 때 먼저 센 불에 소테 후 오븐에서 로스팅 하는 것이 바로 이러한 방법을 사용 하는 좋은 예이다.

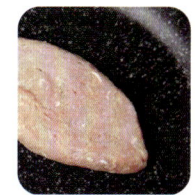

(5) 석쇠구이(grilling)

구이와 성격이 비슷하게 보이지만 조리가 이루어지는 표면 바로 아래에 위치하는 열원으로부터 에너지를 받아 조리한다. 쉽게 말하면 석쇠가 열원과의 적절한 거리 유지 역할을 하고 있다. 석쇠 구이는 전기를 사용하든 가스를 사용하든 간에 석쇠와 열원 간에 숯이나 나무를 태워 조리재료에 훈연향을 돋울 수 있는 장점이 있다.

(6) 튀김(Deep-Frying)

튀김은 건식열 조리방법에서 기름의 대류원리를 이용하는 대표적 조리방법이다. 튀김을 하기 위해서는 먼저 재료에 튀김옷을 입히는 경우가 많은데 그것은 재료가 기름 속에서 변화하는 것을 최소화하려는 의도에서 시작되었으나 이제는 요리의 맛을 다양하게 하는 하나의 방법으로 발전되었다. 튀김을 할 때는 색깔이 황금색이 나도록 해야 하며 물기를 제거한 후 튀겨야 한다. 또 재료의 크기나 모양도 고려해야 한다. 너무 크면 속까지 익지 않고 너무 작으면 기름에 갑작스럽게 색이 변화한다. 튀김 기름의 온도는 175~190℃에서 시작하는 것이 적당하고 재료를 넣을 때는 조심스럽게 비스듬히 밀어 넣어 기름이 튀는 것을 방지하여야 한다.

나. 습식열 조리법(Moist-heat cooking meathods)

(1) 삶기(Poaching)

삶기는 액체 내부온도 65~92℃에서 재료를 액체 속에 완전히 담구어 조리하는 것으로 이때 재료에서 향이나 풍미를 살리기 위하여 스톡(stock), 부용(Bouillion), 식초를 섞은 물을 많이 사용한다.

(2) 은근히 끓이기(Simmering)

은근히 끓이기는 낮은 불에서 대류현상을 유지하지만 조리하는 재료가 흐트러지지 않도록 끓이는 것을 말한다. 이 방법을 역시 열원에서 에너지가 조리 기구로 옮겨가 다시 매개체로 온도를 전달시켜 조리가 이루어진다. 은근히 끓이기는 85~96℃ 사이에서 비교적 높은 열을 유지하면서 내용물이 계속적으로 조리되도록 하여야 한다.

(3) 끓이기(Boiling)

끓이기는 매개체의 대류방식에 의해 조리하는 것으로써 많은 양의 재료를 계속하여 반복적으로 액체 속에서 익히기 위한 목적으로 사용한다. 온도는 삶기와 은근히 끓이기보다 높은 온도에서 조리가 시작되고 끝난다. 끓이기의 온도는 일반적인 상태에서 100℃ 이상을 유지하는데 재료를 투입하면 액체의 온도가 내려가므로 같은 상태라면 더 많은 열을 가하여야 한다. 또한 대기 압력에 의해서도 끓는 온도는 조금씩 달라진다. 예를 들어 1,000미터를 상승할 때마다 물이 끓는 온도는 1℃씩 떨어져 재료가 조리되는 데 영향을 미치게 된다.

(4) 증기찜(Steaming)

찜은 수증기의 열이 재료에 옮겨져 조리되는 원리이다. 수증기는 공기 중으로 퍼져나가는 속도가 매우 빠르므로 일정한 공간을 확보해야 조리가 가능하다. 먼저 조리할 재료를 수증기가 모일 수 있는 장소에 두고 수증기 아벽이 가해질 수 있도록 공간을 폐쇄한 다음 수증기를 가하여 조리를 하는데, 이때 액체가 직접 재료에 닿는 것은 피해야 한다. 동시에 수증기가 재료 주위로 원활하게 순환하여 재료를 골고루 익힐 수 있어야 한다.

(5) 데침(Blanching)

데침은 짧은 시간에 재빨리 재료를 익혀내기 위한 목적으로 사용되는 조리법이다. 데침에는 기름과 물을 매개체로 하여 재료를 익히는데 높은 열에서 시작하고 재료와 매개체의 비율은 1 : 10 정도를 유지해야 한다. 데침에 주로 사용되는 재료는 푸른색을 지닌 야채로서 엽록소를 높은 열에 고정화하기 위함이다.

다. 복합 조리방법(Combination cooking methods)

(1) 브레이징(Braising)

브레이징은 건식열과 습식열 두 가지 방식으로 이용한 대표적인 조리방법으로 재료의 품질을 최대한 살려준다. 일반적으로 브레이징 하는 재료는 덩어리가 큰 것을 먼저 건식열로 높은 온도에서 주위를 갈색이 나도록 구워 육류 내부에 있는 주스가 빠져나오는 것을 막아 준다. 다음으로 채소나 소스 등을 곁들여 적당한 열을 가해주며 조리하는데 재료 주변으로 오일을 감싸서 조리되는 동안 재료가 건조되는 것을 막아준다.

(2) 스튜(Stewing)

스튜는 작은 덩어리를 높은 열로 표면에 색을 낸 다음 습식열로 조리하는 것이 특징이다.

스튜를 할 때는 소소를 충분히 넣어 재료가 잠길 정도로 하고 완전히 조리될 때까지 건조되는 일이 없도록 해야 한다. 보통 브레이징보다 조리시간이 짧은데 그 이유는 브레이징에 비하여 주재료의 크기가 작기 때문이다.

2) 양식조리 기본재료(Cooking, Cook basic material)

미르포아 *Mirepoix*

 만드는 법

1. 크기는 용도, 시간에 따라 다이스, 슬라이스, 찹 형태로 썬다.

2. 물에 삶으면 색이 빠져나오는 셀러리, 당근과 달리 물이 빠지지 않게 하기 위해 양파를 충분히 넣어준다.

3. 해산물을 삶을 때 사용하면 잡내도 잡아주고 재료 자체의 맛을 더 이끌어 준다.

4. 채소를 갈색이 나게 기름이나 버터로 볶거나 프레시한 상태로 사용한다.

정제버터 *Clarified Butter*

 만드는 법

1. 버터를 냄비에 넣고 중간 불에서 끓여준다.

2. 액체가 된 버터는 불순물을 소창에 걸러 정제된 버터만 사용한다.

리에종 *Liaison*

 만드는 법

1. 달걀 노른자에 생크림을 넣는다.

2. 잘 섞이도록 거품기로 저어준다.

3. 농도를 낼 스프나 소스에 화력을 낮추고 리에종을 섞어 넣어 원하는 농도를 낸다.

양식조리기능사
실기 30품목

Chapter 1. 양식 스톡 조리 _ 28

Chapter 2. 양식 전채 조리 _ 30

Chapter 3. 양식 샌드위치 조리 _ 36

Chapter 4. 양식 샐러드 조리 _ 40

Chapter 5. 양식 조식 조리 _ 50

Chapter 6. 양식 수프 조리 _ 54

Chapter 7. 양식 육류 조리 _ 64

Chapter 8. 양식 파스타 조리 _ 76

Chapter 9. 양식 소스 조리 _ 80

브라운 스톡
Brown stock

Chapter 1. 양식 스톡 조리 — 기능사 품목

스톡은 스프의 기초가 되는 소고기나 닭고기 육수를 말하는데 브라운 스톡은 소뼈와 소고기를 이용하여 만든 맑은 육수이다.

요구 사항 ▶ 주어진 재료를 사용하여 다음과 같이 브라운 스톡을 만드시오.

시험시간 **30**분

가. 스톡은 맑고 갈색이 되도록 하시오.
나. 소뼈는 찬물에 담가 핏물을 제거한 후 구워서 사용하시오.
다. 당근, 양파, 셀러리는 얇게 썬 후 볶아서 사용하시오.
라. 향신료로 사세 데피스(sachet d'epice)를 만들어 사용하시오.
마. 완성된 스톡은 200mL 이상 제출하시오.

수험자 유의 사항

1) 만드는 순서에 유의하며, 위생과 숙련된 기능평가를 위하여 조리작업 시 맛을 보지 않습니다.
2) 지정된 수험자지참준비물 이외의 조리기구나 재료를 시험장내에 지참할 수 없습니다.
3) 지급재료는 시험 전 확인하여 이상이 있을 경우 시험위원으로부터 조치를 받고 시험 중에는 재료의 교환 및 추가지급은 하지 않습니다.
4) 요구사항 및 지급재료의 규격은 "정도"의 의미를 포함하며, 재료의 크기에 따라 가감하여 채점됩니다.
5) 위생복, 위생모, 앞치마, 마스크를 착용하여야 하며, 시험장비·조리기구 취급 등 안전에 유의합니다.
6) 다음 사항은 실격에 해당하여 **채점 대상에서 제외**됩니다.
   가) 수험자 본인이 시험 도중 시험에 대한 포기 의사를 표현하는 경우
   나) 위생복, 위생모, 앞치마, 마스크를 착용하지 않은 경우
   다) 시험시간 내에 과제 두 가지를 제출하지 못한 경우
   라) 문제의 요구사항대로 과제의 수량이 만들어지지 않은 경우
   마) 완성품을 요구사항의 과제(요리)가 아닌 다른 요리(예, 달걀말이→달걀찜)로 만든 경우
   바) 불을 사용하여 만든 조리작품이 작품특성에 벗어나는 정도로 타거나 익지 않은 경우
   사) 해당과제의 지급재료 이외 재료를 사용하거나, 요구사항의 조리기구(석쇠 등)로 완성품을 조리하지 않은 경우
   아) 지정된 수험자지참준비물 이외의 조리기술에 영향을 줄 수 있는 기구를 사용한 경우
   자) 가스레인지 화구 2개 이상(2개 포함) 사용한 경우
   차) 시험 중 시설·장비(칼, 가스레인지 등) 사용 시 시험위원 및 타수험자의 시험 진행에 위해를 일으킬 것으로 시험위원 전원이 합의하여 판단한 경우
   카) 요구사항에 표시된 실격 및 부정행위에 해당하는 경우
7) 항목별 배점은 위생상태 및 안전관리 5점, 조리기술 30점, 작품의 평가 15점입니다.
8) 시험시작 전 가벼운 몸 풀기(스트레칭) 동작으로 긴장을 풀고 시험을 시작합니다.

 ## 만드는 법

1. 양파, 당근, 셀러리는 0.3cm 두께로 썰고, 토마토는 끓는 물에 데쳐 껍질과 씨를 제거한 뒤, 채썰고 굵게 다진다.

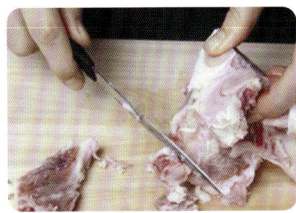

2. 소뼈는 찬물에 담가 핏물을 제거한 뒤, 살과 지방을 제거하고 수분을 없앤다.

3. 팬에 손질된 소뼈를 넣고 구워 식용유를 넣어 갈색을 내준다.

4. 다시백에 월계수 잎, 통후추, 정향, 다임, 파슬리 줄기를 싸서 면실로 묶어 사세 데피스를 만든다.

5. 팬에 버터, 양파, 당근, 셀러리를 갈색이 나도록 볶아준다.
   특히 양파는 충분히 볶아 짙은 갈색이 나도록 한다.

6. 냄비에 물 2컵과 구운 소뼈, 볶은 채소, 토마토, 사세 데피스를 함께 넣어 끓이다가 끓기 시작하면 약불로 줄이고 거품과 기름기를 수시로 걷어낸다.

7. 완성된 스톡을 면보에 걸러 그릇에 200ml 이상을 담아낸다.

지급재료

재료	분량
소뼈 (2~3cm 정도, 자른 것)	150g
양파 〈중(150g 이상)〉	1/2개
당근 (둥근 모양이 유지되게 등분)	40g
셀러리	30g
검은 통후추	4개
토마토 〈중(150g 정도)〉	1개
파슬리 (잎, 줄기 포함)	1줄기
월계수 잎	1잎
정향	1개
버터 (무염)	5g
식용유	50ml
면실	30cm
다임 (fresh)	1줄기
다시백 (10cm×12cm)	1개

포인트 정리!

1. 뼈는 핏물을 충분히 제거하고 팬에 오랫동안 구워준다.

2. 맑은 갈색의 완성품이어야 하므로 불 조절, 거품 제거에 유의한다.

3. 양파를 충분히 볶아준다.

4. 사세데피스(향신료 주머니라는 뜻의 불어) : 파슬리 줄기, 말린 타임, 월계수 잎, 통후추 등을 소창에 넣어 면실로 묶은 것이며 요리에 따라 들어가는 향신료를 달리 할 수 있고, 충분한 향을 우려낸 다음 버린다.

쉬림프 카나페
Shrimp canape

Chapter 2. 양식 전채 조리 – 기능사 품목

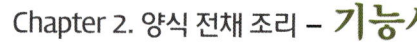

카나페의 유래는 프랑스이다. 어원은 긴의자라는 뜻으로 샌드위치보다 역사가 오래 되었고 19세기초부터는 전채요리의 범주에 속하게 되었다.

요구 사항 ▶ 주어진 재료를 사용하여 다음과 같이 쉬림프 카나페를 만드시오.

시험시간 **30분**

가. 새우는 내장을 제거한 후 미르포아(Mirepoix)를 넣고 삶아서 껍질을 제거하시오.
나. 달걀은 완숙으로 삶아 사용하시오.
다. 식빵은 지름 4cm의 원형으로 하고, 쉬림프카나페는 4개 제출하시오.

수험자 유의 사항

1) 만드는 순서에 유의하며, 위생과 숙련된 기능평가를 위하여 조리작업 시 맛을 보지 않습니다.
2) 지정된 수험자지참준비물 이외의 조리기구나 재료를 시험장내에 지참할 수 없습니다.
3) 지급재료는 시험 전 확인하여 이상이 있을 경우 시험위원으로부터 조치를 받고 시험 중에는 재료의 교환 및 추가지급은 하지 않습니다.
4) 요구사항 및 지급재료의 규격은 "정도"의 의미를 포함하며, 재료의 크기에 따라 가감하여 채점됩니다.
5) 위생복, 위생모, 앞치마, 마스크를 착용하여야 하며, 시험장비·조리기구 취급 등 안전에 유의합니다.
6) 다음 사항은 실격에 해당하여 **채점 대상에서 제외**됩니다.
   가) 수험자 본인이 시험 도중 시험에 대한 포기 의사를 표현하는 경우
   나) 위생복, 위생모, 앞치마, 마스크를 착용하지 않은 경우
   다) 시험시간 내에 과제 두 가지를 제출하지 못한 경우
   라) 문제의 요구사항대로 과제의 수량이 만들어지지 않은 경우
   마) 완성품을 요구사항의 과제(요리)가 아닌 다른 요리(예, 달걀말이→달걀찜)로 만든 경우
   바) 불을 사용하여 만든 조리작품이 작품특성에 벗어나는 정도로 타거나 익지 않은 경우
   사) 해당과제의 지급재료 이외 재료를 사용하거나, 요구사항의 조리기구(석쇠 등)로 완성품을 조리하지 않은 경우
   아) 지정된 수험자지참준비물 이외의 조리기술에 영향을 줄 수 있는 기구를 사용한 경우
   자) 가스레인지 화구 2개 이상(2개 포함) 사용한 경우
   차) 시험 중 시설·장비(칼, 가스레인지 등) 사용 시 시험위원 및 타수험자의 시험 진행에 위해를 일으킬 것으로 시험위원 전원이 합의하여 판단한 경우
   카) 요구사항에 표시된 실격 및 부정행위에 해당하는 경우
7) 항목별 배점은 위생상태 및 안전관리 5점, 조리기술 30점, 작품의 평가 15점입니다.
8) 시험시작 전 가벼운 몸 풀기(스트레칭) 동작으로 긴장을 풀고 시험을 시작합니다.

 ## 만드는 법

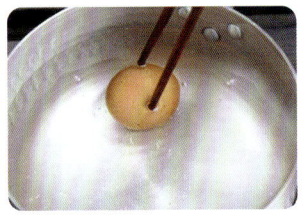
1. 냄비에 달걀이 잠길 정도로 물을 붓고 달걀, 소금 1작은술을 넣고 물이 끓을 때까지 굴려가며 익히다가 물이 끓으면 뚜껑을 덮고 12분 정도 삶아 완숙으로 익힌다.

2. 식빵은 4등분 한 뒤, 4cm 원형으로 잘라 달구어진 팬에 노릇하게 앞뒤로 굽는다.

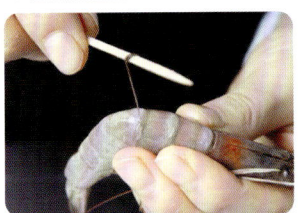
3. 새우는 물에 씻어준 후 내장만 제거한다.

4. 냄비에 물을 올린 뒤 0.2cm로 채썬 당근, 양파, 셀러리와 레몬껍질, 손질된 새우를 넣어 익힌다.

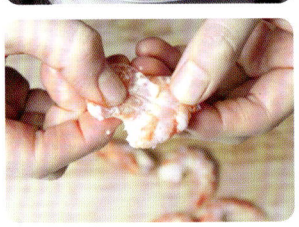
5. 삶아진 새우는 껍질을 제거하여 등쪽에 칼집을 내어, 달걀은 0.5cm 두께의 원형으로 자른다.

6. 케찹, 레몬즙, 소금, 흰 후춧가루를 섞어 케찹소스를 만든다.

7. 토스트한 식빵 위에 버터를 바르고 달걀, 새우, 케찹소스, 파슬리 순으로 얹어 완성한다.

지급 재료

재료	분량
새우 (30~40g)	4마리
식빵 (샌드위치 용)	1조각
달걀	1개
파슬리 (잎, 줄기 포함)	1줄기
버터 (무염)	30g
토마토케찹	10g
소금 (정제염)	5g
흰 후춧가루	2g
레몬 〈길이(장축)로 등분〉	1/8개
이쑤시개	1개
당근 〈둥근 모양이 유지되게 등분〉	15g
셀러리	15g
양파 〈중(150g 이상)〉	1/8개

포인트 정리!

1. 달걀의 노른자가 정중앙, 완숙으로 삶는다.
2. 달걀을 슬라이스 할 때 모양이 흐트러지지 않도록 주의한다.
3. 새우는 충분히 익힌다.
   (제대로 익히지 않을 경우 - 껍질을 벗길 때 새우살이 흐트러진다.)

| 프렌치프라이드쉬림프
French fried shrimp | Chapter 2. 양식 전채 조리 – **기능사** 품목
쉬림프는 새우를 일컫는 단어로 튀김반죽을 즉석에서 만들어 새우를 튀긴다 하여 붙여진 명칭이다. 프랑스에서 시작되었다. |

요구 사항 ▶ 주어진 재료를 사용하여 다음과 같이 프렌치프라이드쉬림프를 만드시오. 시험시간 **25**분

가. 새우는 꼬리쪽에서 1마디 정도 껍질을 남겨 구부러지지 않게 튀기시오.
나. 달걀흰자를 분리하여 거품을 내어 튀김반죽에 사용하시오.
다. 새우튀김은 4개를 제출하시오.
라. 레몬과 파슬리를 곁들이오.

수험자 유의 사항

1) 만드는 순서에 유의하며, 위생과 숙련된 기능평가를 위하여 조리작업 시 맛을 보지 않습니다.
2) 지정된 수험자지참준비물 이외의 조리기구나 재료를 시험장내에 지참할 수 없습니다.
3) 지급재료는 시험 전 확인하여 이상이 있을 경우 시험위원으로부터 조치를 받고 시험 중에는 재료의 교환 및 추가지급은 하지 않습니다.
4) 요구사항 및 지급재료의 규격은 "정도"의 의미를 포함하며, 재료의 크기에 따라 가감하여 채점됩니다.
5) 위생복, 위생모, 앞치마, 마스크를 착용하여야 하며, 시험장비·조리기구 취급 등 안전에 유의합니다.
6) 다음 사항은 실격에 해당하여 **채점 대상에서 제외**됩니다.
   가) 수험자 본인이 시험 도중 시험에 대한 포기 의사를 표현하는 경우
   나) 위생복, 위생모, 앞치마, 마스크를 착용하지 않은 경우
   다) 시험시간 내에 과제 두 가지를 제출하지 못한 경우
   라) 문제의 요구사항대로 과제의 수량이 만들어지지 않은 경우
   마) 완성품을 요구사항의 과제(요리)가 아닌 다른 요리(예, 달걀말이→달걀찜)로 만든 경우
   바) 불을 사용하여 만든 조리작품이 작품특성에 벗어나는 정도로 타거나 익지 않은 경우
   사) 해당과제의 지급재료 이외 재료를 사용하거나, 요구사항의 조리기구(석쇠 등)로 완성품을 조리하지 않은 경우
   아) 지정된 수험자지참준비물 이외의 조리기술에 영향을 줄 수 있는 기구를 사용한 경우
   자) 가스레인지 화구 2개 이상(2개 포함) 사용한 경우
   차) 시험 중 시설·장비(칼, 가스레인지 등) 사용 시 시험위원 및 타수험자의 시험 진행에 위해를 일으킬 것으로 시험위원 전원이 합의하여 판단한 경우
   카) 요구사항에 표시된 실격 및 부정행위에 해당하는 경우
7) 항목별 배점은 위생상태 및 안전관리 5점, 조리기술 30점, 작품의 평가 15점입니다.
8) 시험시작 전 가벼운 몸 풀기(스트레칭) 동작으로 긴장을 풀고 시험을 시작합니다.

 **만드는 법**

 **지급재료**

1. 새우는 깨끗하게 세척한 후 내장과 머리를 제거한 뒤 마지막 마디를 남기고 껍질을 제거한다.

2. 꼬리의 물총을 제거하고 다듬어 준다.

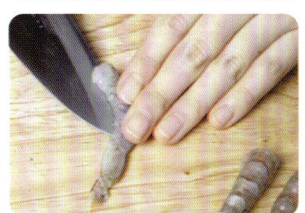

3. 손질된 새우의 배쪽에 사선으로 칼집을 내어 새우를 일직선으로 펴주고 소금, 후추 간을 하고, 레몬을 웨이지로 썰어 준비한다.

새우 (50~60g)	4마리
밀가루 (중력분)	80g
흰설탕	2g
달걀	1개
소금 (정제염)	2g
흰 후춧가루	2g
식용유	500ml
레몬 〈길이(장축)로 등분〉	1/6개
파슬리 (잎, 줄기 포함)	1줄기
냅킨 (흰색, 기름 제거용)	2장
이쑤시개	1개

4. 달걀 노른자에 물 1~2큰술, 밀가루 3~4큰술, 설탕을 넣고 흰자는 머랭을 만들어 3~4큰술 정도를 튀김옷에 혼합하여 농도를 조절한다.

5. 새우에 밀가루를 묻히고 4의 튀김옷을 입힌다.

포인트 정리!

1. 꼬리를 살려 손질한다.
2. 구부러지지 않도록 칼집을 넣는다.
3. 튀김옷은 튀김 직전에 만들어 사용한다.

6. 새우는 160~170℃의 튀김 온도에서 노릇하게 튀겨 접시에 담고 파슬리와 레몬을 가니쉬한다.

참치타르타르
Tuna Tartar

Chapter 2. 양식 전채 조리 – 기능사 품목

타르타르(Tartar)는 고기나 생선살을 익히지 않은 채로 잘게 썰어 양파, 올리브, 케이퍼, 처빌 등을 다져 넣고 양념한 전채요리이다.

요구 사항
▶ 주어진 재료를 사용하여 다음과 같이 참치타르타르를 만드시오.

가. 참치는 꽃소금을 사용하여 해동하고, 3~4mm의 작은 주사위 모양으로 썰어 양파, 그린올리브, 케이퍼, 처빌 등을 이용하여 타르타르를 만드시오.
나. 채소를 이용하여 샐러드부케를 만들어 곁들이시오.
다. 참치타르타르는 테이블 스푼 2개를 사용하여 퀜넬(quenelle)형태로 3개를 만드시오.
라. 채소 비네그레트는 양파, 붉은색과 노란색의 파프리카, 오이를 가로세로 2mm의 작은 주사위 모양으로 썰어서 사용하고, 파슬리와 딜은 다져서 사용하시오.

시험시간 30분

수험자 유의 사항
1) 만드는 순서에 유의하며, 위생과 숙련된 기능평가를 위하여 조리작업 시 맛을 보지 않습니다.
2) 지정된 수험자지참준비물 이외의 조리기구나 재료를 시험장내에 지참할 수 없습니다.
3) 지급재료는 시험 전 확인하여 이상이 있을 경우 시험위원으로부터 조치를 받고 시험 중에는 재료의 교환 및 추가지급은 하지 않습니다.
4) 요구사항 및 지급재료의 규격은 "정도"의 의미를 포함하며, 재료의 크기에 따라 가감하여 채점됩니다.
5) 위생복, 위생모, 앞치마, 마스크를 착용하여야 하며, 시험장비 · 조리기구 취급 등 안전에 유의합니다.
6) 다음 사항은 실격에 해당하여 **채점 대상에서 제외**됩니다.
    가) 수험자 본인이 시험 도중 시험에 대한 포기 의사를 표현하는 경우
    나) 위생복, 위생모, 앞치마, 마스크를 착용하지 않은 경우
    다) 시험시간 내에 과제 두 가지를 제출하지 못한 경우
    라) 문제의 요구사항대로 과제의 수량이 만들어지지 않은 경우
    마) 완성품을 요구사항의 과제(요리)가 아닌 다른 요리(예, 달걀말이→달걀찜)로 만든 경우
    바) 불을 사용하여 만든 조리작품이 작품특성에 벗어나는 정도로 타거나 익지 않은 경우
    사) 해당과제의 지급재료 이외 재료를 사용하거나, 요구사항의 조리기구(석쇠 등)로 완성품을 조리하지 않은 경우
    아) 지정된 수험자지참준비물 이외의 조리기술에 영향을 줄 수 있는 기구를 사용한 경우
    자) 가스레인지 화구 2개 이상(2개 포함) 사용한 경우
    차) 시험 중 시설 · 장비(칼, 가스레인지 등) 사용 시 시험위원 및 타수험자의 시험 진행에 위해를 일으킬 것으로 시험위원 전원이 합의하여 판단한 경우
    카) 요구사항에 표시된 실격 및 부정행위에 해당하는 경우
7) 항목별 배점은 위생상태 및 안전관리 5점, 조리기술 30점, 작품의 평가 15점입니다.
8) 시험시작 전 가벼운 몸 풀기(스트레칭) 동작으로 긴장을 풀고 시험을 시작합니다.

 만드는 법

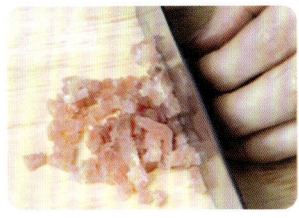
1. 롤라로사, 치커리, 차이브는 찬물에 담가둔다.
   참치는 소금물에 해동한 뒤 0.3cm 스몰다이즈로 썰어 준비하고 오이, 양파도 참치와 같은 크기로 썰어준다.

2. 양파, 그린올리브, 처빌, 케이퍼를 다져 올리브유와 핫소스, 레몬즙을 넣어 타르소스를 완성한다.

3. 참치에 2의 타르소스를 넣어 혼합한다.

4. 롤라로사, 치커리, 파프리카, 차이브를 찬물에 담갔다가 한데 모아 부케를 만든다.

5. 믹싱볼에 식초, 레몬, 소금, 후추를 넣고 올리브오일을 소량씩 넣으면서 드레싱을 만든 후 잘게 썬 양파(사각모양), 오이, 적·황 파프리카, 딜, 파슬리를 넣어 채소 비네그레트를 완성한다.

6. 접시에 채소 부케를 놓고 참치 타르타르를 퀜넬 모양으로 만들어 3개 담고 채소 비네그레트를 뿌려준다.

지급 재료

재료	수량
붉은색 참치살 (냉동 지급)	80g
양파 〈중(150g 정도)〉	1/8개
그린올리브	2개
케이퍼	5개
올리브오일	25ml
레몬 〈길이(장축)로 등분〉	1/4개
핫 소스	5ml
처빌 (fresh)	2줄기
소금 (꽃소금)	5g
흰 후춧가루	3g
차이브 〈fresh(실파로 대체 가능)〉	5줄기
롤라로사(lollo Rossa) (꽃(적)상추 대체 가능)	2잎
그린치커리 (fresh)	2줄기
붉은색 파프리카 (5~6cm 정도 길이)	1/4개
노란색 파프리카 (150g 정도)	1/8개
오이 (20cm)	1/10개(길이로 반을 갈라 10등분)
파슬리 (잎, 줄기포함)	1줄기
딜 (fresh)	3줄기
식초	10ml

※ 지참준비물 추가 : 테이블스푼 2개
(퀜넬용, 머릿부분 가로 6cm, 세로(폭) 3.5~4cm 정도)

포인트 정리!

1. 주재료인 참치의 색이 변하지 않게 손질한다.
2. 타르소스와 비네그레트소스에 각각 들어가는 재료를 정확히 알고 사용한다.
3. 샐러드 부케는 주어진 재료를 사용하며 경우에 따라 바뀔 수 있다.

BLT 샌드위치
Bacon, lettuce, tomato sandwich

Chapter 3. 양식 샌드위치 조리 – 기능사 품목

B는 bacon, L은 lettuce, T는 tomato로 베이컨, 양상추, 토마토를 재료로 하여 만든 영국풍의 샌드위치를 말한다.

요구 사항

▶ 주어진 재료를 사용하여 다음과 같이 베이컨, 레터스, 토마토 샌드위치를 만드시오.

시험시간 **30**분

가. 빵은 구워서 사용하시오.
나. 토마토는 0.5cm 두께로 썰고, 베이컨은 구워서 사용하시오.
다. 완성품은 4조각으로 썰어 전량을 제출하시오.

수험자 유의 사항

1) 만드는 순서에 유의하며, 위생과 숙련된 기능평가를 위하여 조리작업 시 맛을 보지 않습니다.
2) 지정된 수험자지참준비물 이외의 조리기구나 재료를 시험장내에 지참할 수 없습니다.
3) 지급재료는 시험 전 확인하여 이상이 있을 경우 시험위원으로부터 조치를 받고 시험 중에는 재료의 교환 및 추가지급은 하지 않습니다.
4) 요구사항 및 지급재료의 규격은 "정도"의 의미를 포함하며, 재료의 크기에 따라 가감하여 채점됩니다.
5) 위생복, 위생모, 앞치마, 마스크를 착용하여야 하며, 시험장비ㆍ조리기구 취급 등 안전에 유의합니다.
6) 다음 사항은 실격에 해당하여 **채점 대상에서 제외**됩니다.
　가) 수험자 본인이 시험 도중 시험에 대한 포기 의사를 표현하는 경우
　나) 위생복, 위생모, 앞치마, 마스크를 착용하지 않은 경우
　다) 시험시간 내에 과제 두 가지를 제출하지 못한 경우
　라) 문제의 요구사항대로 과제의 수량이 만들어지지 않은 경우
　마) 완성품을 요구사항의 과제(요리)가 아닌 다른 요리(예, 달걀말이→달걀찜)로 만든 경우
　바) 불을 사용하여 만든 조리작품이 작품특성에 벗어나는 정도로 타거나 익지 않은 경우
　사) 해당과제의 지급재료 이외 재료를 사용하거나, 요구사항의 조리기구(석쇠 등)로 완성품을 조리하지 않은 경우
　아) 지정된 수험자지참준비물 이외의 조리기술에 영향을 줄 수 있는 기구를 사용한 경우
　자) 가스레인지 화구 2개 이상(2개 포함) 사용한 경우
　차) 시험 중 시설ㆍ장비(칼, 가스레인지 등) 사용 시 시험위원 및 타수험자의 시험 진행에 위해를 일으킬 것으로 시험위원 전원이 합의하여 판단한 경우
　카) 요구사항에 표시된 실격 및 부정행위에 해당하는 경우
7) 항목별 배점은 위생상태 및 안전관리 5점, 조리기술 30점, 작품의 평가 15점입니다.
8) 시험시작 전 가벼운 몸 풀기(스트레칭) 동작으로 긴장을 풀고 시험을 시작합니다.

 ## 만드는 법

 ## 지급 재료

1. 양상추는 찬물에 담가 싱싱함을 유지한다.

2. 팬에 식빵 3장을 앞, 뒤로 노릇하게 굽는다.

3. 토마토는 0.5cm 두께로 썰어 소금을 살짝 뿌린 후 수분을 제거하고 양상추도 수분을 제거한다.

4. 베이컨에 후춧가루를 뿌려 구워내고 기름기를 제거한다.

식빵 (샌드위치 용)	3조각
양상추 (2잎 정도, 잎상추로 대체 가능)	20g
토마토 〈중(150g 정도)〉	1/2개
베이컨 (길이 25~30cm)	2조각
소금 (정제염)	3g
검은 후춧가루	1g
마요네즈	30g

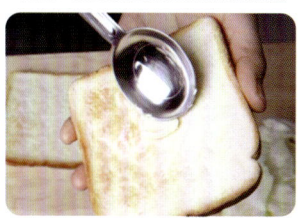
5. 토스트한 식빵에 마요네즈를 바르고 양상추, 베이컨, 마요네즈 바른 식빵, 양상추, 토마토, 마요네즈 바른 식빵 순으로 올린다.

포인트 정리!

1. 식빵은 노릇하게 드라이 토스트를 한다.
2. 베이컨이 구부러지지 않도록 온도 조절을 하여 충분히 익힌다.
3. 4등분한 토스트의 크기가 일정해야 한다.
4. 샌드위치가 눌리지 않도록 가볍게 잡고 잘라준다.

6. 샌드위치의 가장자리를 자르고 4등분으로 자른 후 그릇에 담는다.

양식조리기능사 실기

햄버거 샌드위치
Hamburger sandwich

Chapter 3. 양식 샌드위치 조리 – 기능사 품목

18세기 영국의 샌드위치 백작의 이름에서 왔다.
카드를 즐기던 백작이 24시간 식사도 하지 않아 하인들이
카드 놀이를 하며 쉽게 먹을 수 있도록 만든 요리라고 한다.

요구 사항 ▶ 주어진 재료를 사용하여 다음과 같이 햄버거 샌드위치를 만드시오.

시험시간 **30분**

가. 빵은 버터를 발라 구워서 사용하시오.
나. 고기에 사용되는 양파, 셀러리는 다진 후 볶아서 사용하시오.
다. 고기는 미디움웰던(medium-wellden)으로 굽고, 구워진 고기의 두께는 1cm로 하시오.
라. 토마토, 양파는 0.5cm 두께로 썰고 양상추는 빵크기에 맞추시오.
마. 샌드위치는 반으로 잘라 내시오.

수험자 유의사항

1) 만드는 순서에 유의하며, 위생과 숙련된 기능평가를 위하여 조리작업 시 맛을 보지 않습니다.
2) 지정된 수험자지참준비물 이외의 조리기구나 재료를 시험장내에 지참할 수 없습니다.
3) 지급재료는 시험 전 확인하여 이상이 있을 경우 시험위원으로부터 조치를 받고 시험 중에는 재료의 교환 및 추가지급은 하지 않습니다.
4) 요구사항 및 지급재료의 규격은 "정도"의 의미를 포함하며, 재료의 크기에 따라 가감하여 채점됩니다.
5) 위생복, 위생모, 앞치마, 마스크를 착용하여야 하며, 시험장비 · 조리기구 취급 등 안전에 유의합니다.
6) 다음 사항은 실격에 해당하여 **채점 대상에서 제외**됩니다.
   가) 수험자 본인이 시험 도중 시험에 대한 포기 의사를 표현하는 경우
   나) 위생복, 위생모, 앞치마, 마스크를 착용하지 않은 경우
   다) 시험시간 내에 과제 두 가지를 제출하지 못한 경우
   라) 문제의 요구사항대로 과제의 수량이 만들어지지 않은 경우
   마) 완성품을 요구사항의 과제(요리)가 아닌 다른 요리(예, 달걀말이→달걀찜)로 만든 경우
   바) 불을 사용하여 만든 조리작품이 작품특성에 벗어나는 정도로 타거나 익지 않은 경우
   사) 해당과제의 지급재료 이외 재료를 사용하거나, 요구사항의 조리기구(석쇠 등)로 완성품을 조리하지 않은 경우
   아) 지정된 수험자지참준비물 이외의 조리기술에 영향을 줄 수 있는 기구를 사용한 경우
   자) 가스레인지 화구 2개 이상(2개 포함) 사용한 경우
   차) 시험 중 시설 · 장비(칼, 가스레인지 등) 사용 시 시험위원 및 타수험자의 시험 진행에 위해를 일으킬 것으로 시험위원 전원이 합의하여 판단한 경우
   카) 요구사항에 표시된 실격 및 부정행위에 해당하는 경우
7) 항목별 배점은 위생상태 및 안전관리 5점, 조리기술 30점, 작품의 평가 15점입니다.
8) 시험시작 전 가벼운 몸 풀기(스트레칭) 동작으로 긴장을 풀고 시험을 시작합니다.

만드는 법

1. 양상추는 찬물에 담가 싱싱함을 유지한다.

2. 양파 0.5cm 두께 원형으로 자르고 남은 양파와 섬유질을 제거한 셀러리는 곱게 다져 팬에 버터를 넣고 볶아서 식힌다.

3. 팬에 햄버거 빵 안쪽에 버터를 발라 토스트 해둔다.

4. 소고기는 핏물을 제거하여 곱게 다진다.

5. 소고기, 볶은 양파와 셀러리, 빵가루, 달걀물, 소금, 후추를 넣고 치대어 반죽한다.

6. 양념한 소고기를 0.7cm 두께, 직경은 햄버거빵 보다 0.5~1cm 크게 하여 모양을 만든 뒤, 팬에 식용유를 넣고 익힌다.

7. 구운 빵에 양상추, 소고기, 양파, 토마토, 빵 순으로 얹은 후 반으로 잘라서 제출한다.

지급 재료

재료	수량
소고기 (살코기, 방심)	100g
양파 〈중(150g 정도)〉	1개
빵가루 (마른 것)	30g
셀러리	30g
소금 (정제염)	3g
검은 후춧가루	1g
양상추	20g
토마토 〈중(150g 정도)〉	1/2개
버터 (무염)	15g
햄버거 빵	1개
식용유	20ml
달걀	1개

포인트 정리!

1. 빵이 타지 않도록 드라이 토스트를 하여 버터를 살짝 발라둔다.
   (빵에 버터를 바른 후 토스트 할 수도 있다.)

2. 소고기가 갈라지지 않도록 부재료의 양을 조절하고 오래 치대준다.

3. 소고기가 타지 않게 팬에 굽는다.

월도프 샐러드
Waldorf salad

Chapter 4. 양식 샐러드 조리 - 기능사 품목

일명 사과 샐러드이다.
맨하탄에 있는 월도프 아스토리아라는 호텔에 매니저가 처음 만들었다 하여 붙여진 이름이다.

요구 사항
▶ 주어진 재료를 사용하여 다음과 같이 월도프 샐러드를 만드시오.

시험시간 **20분**

- 가. 사과, 셀러리, 호두알을 1cm의 크기로 써시오.
- 나. 사과의 껍질을 벗겨 변색되지 않게 하고, 호두알의 속껍질을 벗겨 사용하시오.
- 다. 상추 위에 월도프샐러드를 담아내시오.

수험자 유의 사항

1) 만드는 순서에 유의하며, 위생과 숙련된 기능평가를 위하여 조리작업 시 맛을 보지 않습니다.
2) 지정된 수험자지참준비물 이외의 조리기구나 재료를 시험장내에 지참할 수 없습니다.
3) 지급재료는 시험 전 확인하여 이상이 있을 경우 시험위원으로부터 조치를 받고 시험 중에는 재료의 교환 및 추가지급은 하지 않습니다.
4) 요구사항 및 지급재료의 규격은 "정도"의 의미를 포함하며, 재료의 크기에 따라 가감하여 채점됩니다.
5) 위생복, 위생모, 앞치마, 마스크를 착용하여야 하며, 시험장비·조리기구 취급 등 안전에 유의합니다.
6) 다음 사항은 실격에 해당하여 **채점 대상에서 제외**됩니다.
   - 가) 수험자 본인이 시험 도중 시험에 대한 포기 의사를 표현하는 경우
   - 나) 위생복, 위생모, 앞치마, 마스크를 착용하지 않은 경우
   - 다) 시험시간 내에 과제 두 가지를 제출하지 못한 경우
   - 라) 문제의 요구사항대로 과제의 수량이 만들어지지 않은 경우
   - 마) 완성품을 요구사항의 과제(요리)가 아닌 다른 요리(예, 달걀말이→달걀찜)로 만든 경우
   - 바) 불을 사용하여 만든 조리작품이 작품특성에 벗어나는 정도로 타거나 익지 않은 경우
   - 사) 해당과제의 지급재료 이외 재료를 사용하거나, 요구사항의 조리기구(석쇠 등)로 완성품을 조리하지 않은 경우
   - 아) 지정된 수험자지참준비물 이외의 조리기술에 영향을 줄 수 있는 기구를 사용한 경우
   - 자) 가스레인지 화구 2개 이상(2개 포함) 사용한 경우
   - 차) 시험 중 시설·장비(칼, 가스레인지 등) 사용 시 시험위원 및 타수험자의 시험 진행에 위해를 일으킬 것으로 시험위원 전원이 합의하여 판단한 경우
   - 카) 요구사항에 표시된 실격 및 부정행위에 해당하는 경우
7) 항목별 배점은 위생상태 및 안전관리 5점, 조리기술 30점, 작품의 평가 15점입니다.
8) 시험시작 전 가벼운 몸 풀기(스트레칭) 동작으로 긴장을 풀고 시험을 시작합니다.

 ## 만드는 법

 ## 지급 재료

1. 양상추는 찬물에 담그고 호두는 미지근한 물에 껍질을 불린다.

2. 사과는 껍질을 벗겨 과육만 1cm 크기로 썰어 레몬물에 담구어 놓고, 셀러리는 섬유질을 제거하여 같은 크기로 썬다.

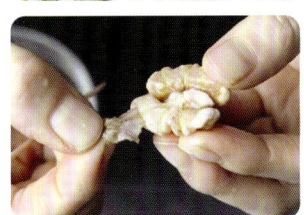
3. 이쑤시개를 이용하여 불려진 호두의 껍질을 벗겨 1cm 크기로 썬다.

사과 (200~250g 정도)	1개
셀러리	30g
호두 〈중(겉껍질 제거한 것)〉	2개
레몬 (길이(장축)로 등분)	1/4개
소금 (정제염)	2g
흰 후춧가루	1g
마요네즈	60g
양상추 (2잎 정도, 잎상추로 대체 가능)	20g
이쑤시개	1개

4. 사과는 체에 건져 수분을 제거한다.

5. 사과, 셀러리, 호두, 마요네즈를 넣어 고르게 섞어주고 소금과 흰 후추로 간을 한 뒤 완성 접시에 양상추를 깔고 담아낸다.

포인트 정리!

1. 사과가 갈변되지 않도록 주의하고 수분을 충분히 제거한 뒤 완성한다.
2. 마요네즈의 양을 조절한다.
3. 완성품에 수분이 생기지 않도록 제출 직전 버무린다.
4. 사과에 설탕을 넣으면 안 된다. (항상 지급재료를 확인해야 함.)

포테이토 샐러드
Potato salad

Chapter 4. 양식 샐러드 조리 – 기능사 품목

감자에서 탄수화물과 비타민 등의 영양소를 고루 얻을 수 있는 메뉴 중에 하나이다.

요구 사항 ▶ 주어진 재료를 사용하여 다음과 같이 포테이토 샐러드를 만드시오.

시험시간 **30**분

가. 감자는 껍질을 벗긴 후 1cm의 정육면체로 썰어서 삶으시오.
나. 양파는 곱게 다져 매운맛을 제거하시오.
다. 파슬리는 다져서 사용하시오.

수험자 유의 사항

1) 만드는 순서에 유의하며, 위생과 숙련된 기능평가를 위하여 조리작업 시 맛을 보지 않습니다.
2) 지정된 수험자지참준비물 이외의 조리기구나 재료를 시험장내에 지참할 수 없습니다.
3) 지급재료는 시험 전 확인하여 이상이 있을 경우 시험위원으로부터 조치를 받고 시험 중에는 재료의 교환 및 추가지급은 하지 않습니다.
4) 요구사항 및 지급재료의 규격은 "정도"의 의미를 포함하며, 재료의 크기에 따라 가감하여 채점됩니다.
5) 위생복, 위생모, 앞치마, 마스크를 착용하여야 하며, 시험장비·조리기구 취급 등 안전에 유의합니다.
6) 다음 사항은 실격에 해당하여 **채점 대상에서 제외**됩니다.
    가) 수험자 본인이 시험 도중 시험에 대한 포기 의사를 표현하는 경우
    나) 위생복, 위생모, 앞치마, 마스크를 착용하지 않은 경우
    다) 시험시간 내에 과제 두 가지를 제출하지 못한 경우
    라) 문제의 요구사항대로 과제의 수량이 만들어지지 않은 경우
    마) 완성품을 요구사항의 과제(요리)가 아닌 다른 요리(예, 달걀말이→달걀찜)로 만든 경우
    바) 불을 사용하여 만든 조리작품이 작품특성에 벗어나는 정도로 타거나 익지 않은 경우
    사) 해당과제의 지급재료 이외 재료를 사용하거나, 요구사항의 조리기구(석쇠 등)로 완성품을 조리하지 않은 경우
    아) 지정된 수험자지참준비물 이외의 조리기술에 영향을 줄 수 있는 기구를 사용한 경우
    자) 가스레인지 화구 2개 이상(2개 포함) 사용한 경우
    차) 시험 중 시설·장비(칼, 가스레인지 등) 사용 시 시험위원 및 타수험자의 시험 진행에 위해를 일으킬 것으로 시험위원 전원이 합의하여 판단한 경우
    카) 요구사항에 표시된 실격 및 부정행위에 해당하는 경우
7) 항목별 배점은 위생상태 및 안전관리 5점, 조리기술 30점, 작품의 평가 15점입니다.
8) 시험시작 전 가벼운 몸 풀기(스트레칭) 동작으로 긴장을 풀고 시험을 시작합니다.

만드는 법

1. 감자는 껍질을 벗겨 사방 1cm 크기로 썰어 찬물에 담근다.

2. 끓는 소금물에 썰어 놓은 감자를 넣어 익힌다.

3. 양파는 곱게 다져 소금물에 담갔다가 체에 걸러 수분을 제거한다.

4. 파슬리는 곱게 다져 면보에 넣고 찬물에 헹궈 수분을 충분히 제거한다.

5. 삶아진 감자에 다진 양파와 마요네즈를 넣어 혼합한 뒤 소금과 흰 후추로 간을 한다.

6. 다진 파슬리를 넣어 버무린 뒤 그릇에 담는다.

지급 재료

재료	수량
감자 (150g 정도)	1개
양파 〈중(150g 정도)〉	1/6개
파슬리 (잎, 줄기 포함)	1줄기
소금 (정제염)	5g
흰 후춧가루	1g
마요네즈	50g

포인트 정리!

1. 감자가 갈변되지 않도록 손질한다.
2. 양파는 부재료 이므로 양을 조절하여 넣어준다.
3. 마요네즈의 양을 조절하여 완성한다.
4. 파슬리는 조금 남겨 두었다가 가니쉬로 뿌려도 좋다.

사우전아일랜드 드레싱
Thousand island dressing

Chapter 4. 양식 샐러드 조리 – 기능사 품목

각각의 재료를 썰어 완성한 모양이 천개의 섬이 떠있어 보인다 하여 붙여진 이름으로 채소와 함께 곁들여 먹는 소스의 일종이다.

요구 사항 ▶ 주어진 재료를 사용하여 다음과 같이 사우전아일랜드 드레싱을 만드시오.

시험시간 **20**분

가. 드레싱은 핑크빛이 되도록 하시오.
나. 다지는 재료는 0.2cm 크기로 하시오.
다. 드레싱은 농도를 잘 맞추어 100mL 이상 제출하시오.

수험자 유의 사항

1) 만드는 순서에 유의하며, 위생과 숙련된 기능평가를 위하여 조리작업 시 맛을 보지 않습니다.
2) 지정된 수험자지참준비물 이외의 조리기구나 재료를 시험장내에 지참할 수 없습니다.
3) 지급재료는 시험 전 확인하여 이상이 있을 경우 시험위원으로부터 조치를 받고 시험 중에는 재료의 교환 및 추가지급은 하지 않습니다.
4) 요구사항 및 지급재료의 규격은 "정도"의 의미를 포함하며, 재료의 크기에 따라 가감하여 채점됩니다.
5) 위생복, 위생모, 앞치마, 마스크를 착용하여야 하며, 시험장비·조리기구 취급 등 안전에 유의합니다.
6) 다음 사항은 실격에 해당하여 **채점 대상에서 제외**됩니다.
   가) 수험자 본인이 시험 도중 시험에 대한 포기 의사를 표현하는 경우
   나) 위생복, 위생모, 앞치마, 마스크를 착용하지 않은 경우
   다) 시험시간 내에 과제 두 가지를 제출하지 못한 경우
   라) 문제의 요구사항대로 과제의 수량이 만들어지지 않은 경우
   마) 완성품을 요구사항의 과제(요리)가 아닌 다른 요리(예, 달걀말이→달걀찜)로 만든 경우
   바) 불을 사용하여 만든 조리작품이 작품특성에 벗어나는 정도로 타게나 익지 않은 경우
   사) 해당과제의 지급재료 이외 재료를 사용하거나, 요구사항의 조리기구(석쇠 등)로 완성품을 조리하지 않은 경우
   아) 지정된 수험자지참준비물 이외의 조리기술에 영향을 줄 수 있는 기구를 사용한 경우
   자) 가스레인지 화구 2개 이상(2개 포함) 사용한 경우
   차) 시험 중 시설·장비(칼, 가스레인지 등) 사용 시 시험위원 및 타수험자의 시험 진행에 위해를 일으킬 것으로 시험위원 전원이 합의하여 판단한 경우
   카) 요구사항에 표시된 실격 및 부정행위에 해당하는 경우
7) 항목별 배점은 위생상태 및 안전관리 5점, 조리기술 30점, 작품의 평가 15점입니다.
8) 시험시작 전 가벼운 몸 풀기(스트레칭) 동작으로 긴장을 풀고 시험을 시작합니다.

 ## 만드는 법

1. 찬물에 소금을 넣어 달걀을 완숙으로 삶아 찬물에 담그었다가, 흰자는 곱게 다지고, 노른자는 체에 내려 둔다.

2. 양파는 다진 뒤 소금물에 담가 매운맛을 제거한다.

3. 청피망, 피클은 0.2cm로 곱게 다진다.

4. 양파는 체에 걸러 수분을 제거한다.

5. 마요네즈 3큰술에 케찹 1큰술을 혼합하고 달걀 흰자, 청피망, 피클, 양파를 넣어 섞은 후 레몬즙을 넣어 농도를 맞춘다.

6. 5에 달걀 노른자를 체에 내려 마지막으로 혼합하고 소금, 후추로 간을 하여 완성한다.

지급 재료

마요네즈	70g
오이피클 (개당 25~30g짜리)	1/2개
양파 〈중(150g 정도)〉	1/6개
토마토케찹	20g
소금 (정제염)	2g
흰 후춧가루	1g
레몬 〈길이(장축)로 등분〉	1/4개
달걀	1개
청피망 〈중(75g 정도)〉	1/4개
식초	10ml

포인트 정리!

1. 삶은 달걀의 양을 조절한다.
2. 썰어 놓은 모든 재료의 크기가 일정해야 한다.
3. 색과 농도를 정확히 맞춘다.
4. 달걀 흰자, 노른자는 일부만 넣어 드레싱의 농도를 맞춘다.

해산물 샐러드
Sea-food Salad

Chapter 4. 양식 샐러드 조리 –  **품목**

홍합, 새우, 관자살, 중합 등의 다양한 해산물이 주는 풍부하고 독특한 맛과 싱싱한 샐러드 고유의 향, 새콤한 레몬 비네그레트가 어우러진 해산물 샐러드이다.

요구 사항
▶ 주어진 재료를 사용하여 다음과 같이 해산물 샐러드를 만드시오.

시험시간 **30분**

가. 미르포아(mirepoix), 향신료, 레몬을 이용하여 쿠르부용(court bouillon)을 만드시오.
나. 해산물은 손질하여 쿠르부용(court bouillon)에 데쳐 사용하시오
다. 샐러드 채소는 깨끗이 손질하여 싱싱하게 하시오.
라. 레몬 비네그레트는 양파, 레몬즙, 올리브 오일 등을 사용하여 만드시오.

수험자 유의 사항

1) 만드는 순서에 유의하며, 위생과 숙련된 기능평가를 위하여 조리작업 시 맛을 보지 않습니다.
2) 지정된 수험자지참준비물 이외의 조리기구나 재료를 시험장내에 지참할 수 없습니다.
3) 지급재료는 시험 전 확인하여 이상이 있을 경우 시험위원으로부터 조치를 받고 시험 중에는 재료의 교환 및 추가지급은 하지 않습니다.
4) 요구사항 및 지급재료의 규격은 "정도"의 의미를 포함하며, 재료의 크기에 따라 가감하여 채점됩니다.
5) 위생복, 위생모, 앞치마, 마스크를 착용하여야 하며, 시험장비·조리기구 취급 등 안전에 유의합니다.
6) 다음 사항은 실격에 해당하여 **채점 대상에서 제외**됩니다.
   가) 수험자 본인이 시험 도중 시험에 대한 포기 의사를 표현하는 경우
   나) 위생복, 위생모, 앞치마, 마스크를 착용하지 않은 경우
   다) 시험시간 내에 과제 두 가지를 제출하지 못한 경우
   라) 문제의 요구사항대로 과제의 수량이 만들어지지 않은 경우
   마) 완성품을 요구사항의 과제(요리)가 아닌 다른 요리(예, 달걀말이→달걀찜)로 만든 경우
   바) 불을 사용하여 만든 조리작품이 작품특성에 벗어나는 정도로 타거나 익지 않은 경우
   사) 해당과제의 지급재료 이외 재료를 사용하거나, 요구사항의 조리기구(석쇠 등)로 완성품을 조리하지 않은 경우
   아) 지정된 수험자지참준비물 이외의 조리기술에 영향을 줄 수 있는 기구를 사용한 경우
   자) 가스레인지 화구 2개 이상(2개 포함) 사용한 경우
   차) 시험 중 시설·장비(칼, 가스레인지 등) 사용 시 시험위원 및 타수험자의 시험 진행에 위해를 일으킬 것으로 시험위원 전원이 합의하여 판단한 경우
   카) 요구사항에 표시된 실격 및 부정행위에 해당하는 경우
7) 항목별 배점은 위생상태 및 안전관리 5점, 조리기술 30점, 작품의 평가 15점입니다.
8) 시험시작 전 가벼운 몸 풀기(스트레칭) 동작으로 긴장을 풀고 시험을 시작합니다.

만드는 법

1. 샐러드용 채소인 롤라로사, 딜, 실파, 치커리, 양상추는 찬물에 담그고 양파, 당근, 셀러리를 0.2cm로 미르포아 용으로 썬다.

2. 냄비에 물을 붓고 채썬 양파, 당근, 셀러리, 레몬, 월계수, 통후추 넣어 끓여 쿠르브용을 만든다.

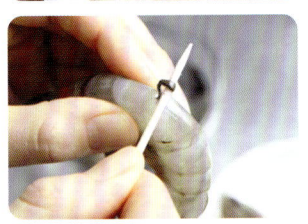
3. 해산물은 소금물에 헹궈 밑손질을 한다.

4. 2의 냄비에 조개, 홍합, 새우, 관자를 각각 익혀낸다.

5. 새우는 껍질을 제거하고, 관자는 0.5cm 슬라이스 하고, 홍합과 조개는 껍질을 제거한다.

6. 올리브 오일에 다진 양파, 마늘, 식초, 레몬즙, 딜, 소금, 흰 후추를 넣어 유화시켜, 레몬 비네그레트를 만든다.

7. 접시에 샐러드를 담고 해산물을 비네그레트를 일부 넣어 버무려 놓고, 나머지 드레싱을 샐러드 전체에 보기 좋게 뿌려준다.

지급 재료

재료	수량
새우 (30~40g)	3마리
관자살 (개당 50~60g, 해동지급)	1개
피홍합 (길이 7cm 이상)	3개
중합 (지름 3cm) (모시조개, 백합 등 대체가능)	3개
양파 〈중(150g)〉	1/4개
마늘 〈중(깐 것)〉	1쪽
실파 (20g)	1뿌리
그린치커리	2줄기
양상추	10g
롤라로사 (lollo Rossa) (꽃(적)상추 대체 가능)	2잎
올리브오일	20ml
레몬 (길이(장축)로 등분)	1/4개
식초	10ml
딜 (fresh)	2줄기
월계수잎	1잎
셀러리	10g
흰통후추 (검은 통후추 대체가능)	3개
소금 (정제염)	5g
흰후춧가루	5g
당근 (둥근 모양이 유지되게 등분)	15g

포인트 정리!

1. 쿠르브용을 반드시 만든다.
2. 해산물은 충분히 익혀 손질 후 접시에 담는다.
3. 쿠르부용 : 채소 국물의 부용은 주로 생선류나 갑각류와 같은 해산물을 익히기 위해 사용하며, 야채국물에 와인이나 식초와 같은 산성재료를 더하여 만든다.

시저 샐러드
Sea-food Salad

Chapter 4. 양식 샐러드 조리 – 기능사 품목

1924년 이탈리아계 미국인 시저 칼디니(Caesar Cardini, 1896~1956)가 개발한 미국 요리이다. 1930년대 파리에서 열린 국제 미식가 협회에서 일류 주방장들이 뽑은 '지난 50년간 미국인이 만든 요리' 중 최고의 레시피로 선정되기도 했다.

요구 사항

▶ 주어진 재료를 사용하여 다음과 같이 시저샐러드를 만드시오.

시험시간 **35분**

가. 마요네즈(100g 이상), 시저드레싱(100g 이상), 시저샐러드(전량)를 만들어 3가지를 각각 별도의 그릇에 담아 제출하시오.
나. 마요네즈(mayonnaise)는 달걀노른자, 카놀라오일, 레몬즙, 디존 머스터드, 화이트와인식초를 사용하여 만드시오.
다. 시저드레싱(caesar dressing)은 마요네즈, 마늘, 앤초비, 검은후춧가루, 파미지아노 레기아노, 올리브오일, 디존 머스터드, 레몬즙을 사용하여 만드시오.
라. 파미지아노 레기아노는 강판이나 채칼을 사용하시오.
마. 시저샐러드(caesar salad)는 로메인 상추, 곁들임(크루통(1cm x 1cm), 구운 베이컨(폭 0.5cm), 파미지아노 레기아노), 시저드레싱을 사용하여 만드시오.

수험자 유의사항

1) 만드는 순서에 유의하며, 위생과 숙련된 기능평가를 위하여 조리작업 시 맛을 보지 않습니다.
2) 지정된 수험자지참준비물 이외의 조리기구나 재료를 시험장내에 지참할 수 없습니다.
3) 지급재료는 시험 전 확인하여 이상이 있을 경우 시험위원으로부터 조치를 받고 시험 중에는 재료의 교환 및 추가지급은 하지 않습니다.
4) 요구사항 및 지급재료의 규격은 "정도"의 의미를 포함하며, 재료의 크기에 따라 가감하여 채점됩니다.
5) 위생복, 위생모, 앞치마, 마스크를 착용하여야 하며, 시험장비·조리기구 취급 등 안전에 유의합니다.
6) 다음 사항은 실격에 해당하여 **채점 대상에서 제외**됩니다.
   가) 수험자 본인이 시험 도중 시험에 대한 포기 의사를 표현하는 경우
   나) 위생복, 위생모, 앞치마, 마스크를 착용하지 않은 경우
   다) 시험시간 내에 과제 두 가지를 제출하지 못한 경우
   라) 문제의 요구사항대로 과제의 수량이 만들어지지 않은 경우
   마) 완성품을 요구사항의 과제(요리)가 아닌 다른 요리(예. 달걀말이→달걀찜)로 만든 경우
   바) 불을 사용하여 만든 조리작품이 작품특성에 벗어나는 정도로 타거나 익지 않은 경우
   사) 해당과제의 지급재료 이외 재료를 사용하거나, 요구사항의 조리기구(석쇠 등)로 완성품을 조리하지 않은 경우
   아) 지정된 수험자지참준비물 이외의 조리기술에 영향을 줄 수 있는 기구를 사용한 경우
   자) 가스레인지 화구 2개 이상(2개 포함) 사용한 경우
   차) 시험 중 시설·장비(칼, 가스레인지 등) 사용 시 시험위원 및 타수험자의 시험 진행에 위해를 일으킬 것으로 시험위원 전원이 합의하여 판단한 경우
   카) 요구사항에 표시된 실격 및 부정행위에 해당하는 경우
7) 항목별 배점은 위생상태 및 안전관리 5점, 조리기술 30점, 작품의 평가 15점입니다.
8) 시험시작 전 가벼운 몸 풀기(스트레칭) 동작으로 긴장을 풀고 시험을 시작합니다.

 ## 만드는 법

1. 로메인을 찬물에 담궈 둔다.

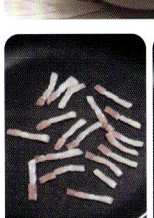 
2. 베이컨은 0.5cm 폭으로 잘라 팬에 바삭하게 구워 준비한다.
식빵은 1cm×1cm 크기로 자른 후 팬에 구워 크루통을 만든다.

3. 볼에 달걀노른자, 레몬즙, 디존머스터드, 화이트와인 식초를 넣고, 카놀라오일을 조금씩 넣어가며 거품기로 저어 마요네즈를 만든다.
완성된 마요네즈 100g 이상을 그릇에 담아 제출용으로 준비한다.

4. 남은 마요네즈에 다진 마늘, 다진 앤초비, 검은 후춧가루, 파미지아노 레기아노, 올리브오일, 디존머스터드, 레몬즙을 넣는다.

5. 재료를 잘 혼합하여 시저드레싱을 만든 후 100g 이상을 그릇에 담아 제출용으로 준비한다.

6. 로메인은 물기를 제거한 후 먹기 좋은 크기로 찢어 시저드레싱과 버무려 접시에 담고, 크루통, 베이컨, 갈은 파미지아노 레기아노 치즈를 뿌려 완성한다.

지급 재료

재료	수량
달걀	2개
디존 머스타드	10g
레몬	1개
로메인 상추	50g
마늘	1쪽
베이컨 (규격 25~30cm)	1조각
앤초비	3개
올리브오일	20ml
카놀라오일	300ml
식빵 (슬라이스)	1쪽
검은 후춧가루	5g
파미지아노 레기아노 치즈 (덩어리)	20g
화이트와인 식초	20ml
소금	10g

포인트 정리!

1. 로메인의 표면에 시저드레싱이 잘 묻을 수 있게 수분을 충분히 제거한 후 버무린다.

2. 시저 샐러드는 드레싱을 묻혀서 나오는 샐러드로 바로 먹지 않으면 로메인 상추에서 물이 나와 상추가 힘없이 늘어질 뿐 아니라 크루통이 바삭한 식감을 잃게 되므로 먹기 직전에 버무려 바로 먹도록 한다.

스페니쉬 오믈렛
Spanish omelet

Chapter 5. 양식 조식 조리 – **기능사** 품목

오믈렛은 들어가는 재료에 따라 이름이 붙여진다. 양송이와 토마토 등의 채소를 볶아 소를 만들어 메뉴를 완성하는 요리이다.

요구 사항 ▶ 주어진 재료를 사용하여 다음과 같이 스페니쉬오믈렛을 만드시오.

시험시간 **30**분

- 가. 토마토, 양파, 청피망, 양송이, 베이컨은 0.5cm의 크기로 썰어 오믈렛 소를 만드시오.
- 나. 소가 흘러나오지 않도록 하시오.
- 다. 소를 넣어 나무젓가락과 팬을 이용하여 타원형으로 만드시오.

수험자 유의 사항

1) 만드는 순서에 유의하며, 위생과 숙련된 기능평가를 위하여 조리작업 시 맛을 보지 않습니다.
2) 지정된 수험자지참준비물 이외의 조리기구나 재료를 시험장내에 지참할 수 없습니다.
3) 지급재료는 시험 전 확인하여 이상이 있을 경우 시험위원으로부터 조치를 받고 시험 중에는 재료의 교환 및 추가지급은 하지 않습니다.
4) 요구사항 및 지급재료의 규격은 "정도"의 의미를 포함하며, 재료의 크기에 따라 가감하여 채점됩니다.
5) 위생복, 위생모, 앞치마, 마스크를 착용하여야 하며, 시험장비 · 조리기구 취급 등 안전에 유의합니다.
6) 다음 사항은 실격에 해당하여 **채점 대상에서 제외**됩니다.
   - 가) 수험자 본인이 시험 도중 시험에 대한 포기 의사를 표현하는 경우
   - 나) 위생복, 위생모, 앞치마, 마스크를 착용하지 않은 경우
   - 다) 시험시간 내에 과제 두 가지를 제출하지 못한 경우
   - 라) 문제의 요구사항대로 과제의 수량이 만들어지지 않은 경우
   - 마) 완성품을 요구사항의 과제(요리)가 아닌 다른 요리(예, 달걀말이→달걀찜)로 만든 경우
   - 바) 불을 사용하여 만든 조리작품이 작품특성에 벗어나는 정도로 타거나 익지 않은 경우
   - 사) 해당과제의 지급재료 이외 재료를 사용하거나, 요구사항의 조리기구(석쇠 등)로 완성품을 조리하지 않은 경우
   - 아) 지정된 수험자지참준비물 이외의 조리기술에 영향을 줄 수 있는 기구를 사용한 경우
   - 자) 가스레인지 화구 2개 이상(2개 포함) 사용한 경우
   - 차) 시험 중 시설 · 장비(칼, 가스레인지 등) 사용 시 시험위원 및 타수험자의 시험 진행에 방해를 일으킬 것으로 시험위원 전원이 합의하여 판단한 경우
   - 카) 요구사항에 표시된 실격 및 부정행위에 해당하는 경우
7) 항목별 배점은 위생상태 및 안전관리 5점, 조리기술 30점, 작품의 평가 15점입니다.
8) 시험시작 전 가벼운 몸 풀기(스트레칭) 동작으로 긴장을 풀고 시험을 시작합니다.

 만드는 법

1. 양파, 양송이, 피망은 사방 0.5cm 크기로 썰고 토마토는 껍질과 씨를 제거한 뒤 같은 크기로 썬다.

2. 베이컨을 사방 0.5cm 크기로 썬다.

3. 팬에 버터를 두르고 베이컨, 양파, 양송이, 피망, 토마토 순으로 볶아준다.

4. 3에 토마토 케찹을 넣어 볶아준 뒤 소금, 후추 간을 하여 소를 완성한다.

5. 달걀을 풀고 소금을 넣어 저어준 뒤 생크림과 혼합하여 체에 거른다.

6. 팬에 식용유를 두르고 뜨거워지면 달걀물을 넣어 나무젓가락으로 휘저어 스크램블 하다가 한쪽 방향으로 밀어 4를 넣은 후 타원형으로 모양을 말아 완성한다.

지급 재료

재료	분량
토마토 〈중(150g 정도)〉	1/4개
양파 〈중(150g 정도)〉	1/6개
청피망 〈중(75g 정도)〉	1/6개
양송이 (1개)	10g
베이컨 (길이 25~30cm)	1/2조각
토마토 케찹	20g
검은 후춧가루	2g
소금 (정제염)	5g
달걀	3개
식용유	20ml
버터 (무염)	20g
생크림(조리용)	20ml

포인트 정리!

1. 달걀이 타거나 빨리 익지 않도록 스크램블 한다.
2. 소를 볶을 때 농도를 알맞게 한다.
3. 완성품이 터지지 않도록 주의한다.

치즈 오믈렛
Cheese omelet

Chapter 5. 양식 조식 조리 – 기능사 품목

달걀을 풀어 익힌 요리로 프랑스에서는 아침식사로 소시지나, 베이컨, 감자와 곁들여 먹기도 한다.

요구 사항
▶ 주어진 재료를 사용하여 다음과 같이 치즈 오믈렛을 만드시오.

시험시간 **20**분

가. 치즈는 사방 0.5cm로 자르시오.
나. 치즈가 들어가 있는 것을 알 수 있도록 하고, 익지 않은 달걀이 흐르지 않도록 만드시오.
다. 나무젓가락과 팬을 이용하여 타원형으로 만드시오.

수험자 유의 사항

1) 만드는 순서에 유의하며, 위생과 숙련된 기능평가를 위하여 조리작업 시 맛을 보지 않습니다.
2) 지정된 수험자지참준비물 이외의 조리기구나 재료를 시험장내에 지참할 수 없습니다.
3) 지급재료는 시험 전 확인하여 이상이 있을 경우 시험위원으로부터 조치를 받고 시험 중에는 재료의 교환 및 추가지급은 하지 않습니다.
4) 요구사항 및 지급재료의 규격은 "정도"의 의미를 포함하며, 재료의 크기에 따라 가감하여 채점됩니다.
5) 위생복, 위생모, 앞치마, 마스크를 착용하여야 하며, 시험장비·조리기구 취급 등 안전에 유의합니다.
6) 다음 사항은 실격에 해당하여 **채점 대상에서 제외**됩니다.
   가) 수험자 본인이 시험 도중 시험에 대한 포기 의사를 표현하는 경우
   나) 위생복, 위생모, 앞치마, 마스크를 착용하지 않은 경우
   다) 시험시간 내에 과제 두 가지를 제출하지 못한 경우
   라) 문제의 요구사항대로 과제의 수량이 만들어지지 않은 경우
   마) 완성품을 요구사항의 과제(요리)가 아닌 다른 요리(예. 달걀말이→달걀찜)로 만든 경우
   바) 불을 사용하여 만든 조리작품이 작품특성에 벗어나는 정도로 타거나 익지 않은 경우
   사) 해당과제의 지급재료 이외 재료를 사용하거나, 요구사항의 조리기구(석쇠 등)로 완성품을 조리하지 않은 경우
   아) 지정된 수험자지참준비물 이외의 조리기술에 영향을 줄 수 있는 기구를 사용한 경우
   자) 가스레인지 화구 2개 이상(2개 포함) 사용한 경우
   차) 시험 중 시설·장비(칼, 가스레인지 등) 사용 시 시험위원 및 타수험자의 시험 진행에 위해를 일으킬 것으로 시험위원 전원이 합의하여 판단한 경우
   카) 요구사항에 표시된 실격 및 부정행위에 해당하는 경우
7) 항목별 배점은 위생상태 및 안전관리 5점, 조리기술 30점, 작품의 평가 15점입니다.
8) 시험시작 전 가벼운 몸 풀기(스트레칭) 동작으로 긴장을 풀고 시험을 시작합니다.

 ## 만드는 법

 ## 지급재료

1. 달걀 3개를 풀고 소금을 넣어 저어서 체에 걸러준다.

2. 치즈는 사방 0.5cm로 썬다.

재료	분량
달걀	3개
치즈 (가로, 세로 8cm 정도)	1장
버터 (무염)	30g
식용유	20ml
생크림 (조리용)	20ml
소금 (정제염)	2g

3. 달걀물에 생크림과 치즈 1/2을 넣어 혼합한다.

4. 팬에 식용유를 두르고 뜨거워지면 달걀물을 넣어 나무젓가락으로 휘저어 스크램블 하다가 한쪽 방향으로 밀어 남은 치즈를 넣은 후 타원형으로 모양을 말아 완성한다.

포인트 정리!

1. 달걀이 타거나 빨리 익지 않도록 스크램블 한다.
2. 완성품이 터지지 않도록 주의한다.

비프 콘소메
beef consomme soup

Chapter 6. 양식 수프 조리 – 기능사 품목

콘소메는 다른 단어로 맑은 수프를 일컫는다. 소고기를 끓인 국물에 양념한 서양요리의 국으로써 정찬요리에서는 식욕을 증진시키기 위해 오르되브르 다음에 낸다.

요구 사항

▶ 주어진 재료를 사용하여 다음과 같이 비프 콘소메를 만드시오.

가. 양파를 0.8~1cm 두께 원형(링)으로 썰어 어니언 브루리(onion brulee)를 만들어 사용하시오.
나. 남은 양파를 포함한 채소는 채 썰어 향신료, 소고기, 달걀흰자 머랭과 함께 섞어 사용하시오.
다. 수프는 맑고 갈색이 되도록 하여 200mL 이상 제출하시오.

시험시간 40분

수험자 유의사항

1) 만드는 순서에 유의하며, 위생과 숙련된 기능평가를 위하여 조리작업 시 맛을 보지 않습니다.
2) 지정된 수험자지참준비물 이외의 조리기구나 재료를 시험장내에 지참할 수 없습니다.
3) 지급재료는 시험 전 확인하여 이상이 있을 경우 시험위원으로부터 조치를 받고 시험 중에는 재료의 교환 및 추가지급은 하지 않습니다.
4) 요구사항 및 지급재료의 규격은 "정도"의 의미를 포함하며, 재료의 크기에 따라 가감하여 채점됩니다.
5) 위생복, 위생모, 앞치마, 마스크를 착용하여야 하며, 시험장비·조리기구 취급 등 안전에 유의합니다.
6) 다음 사항은 실격에 해당하여 **채점 대상에서 제외**됩니다.
   가) 수험자 본인이 시험 도중 시험에 대한 포기 의사를 표현하는 경우
   나) 위생복, 위생모, 앞치마, 마스크를 착용하지 않은 경우
   다) 시험시간 내에 과제 두 가지를 제출하지 못한 경우
   라) 문제의 요구사항대로 과제의 수량이 만들어지지 않은 경우
   마) 완성품을 요구사항의 과제(요리)가 아닌 다른 요리(예, 달걀말이→달걀찜)로 만든 경우
   바) 불을 사용하여 만든 조리작품이 작품특성에 벗어나는 정도로 타거나 익지 않은 경우
   사) 해당과제의 지급재료 이외 재료를 사용하거나, 요구사항의 조리기구(석쇠 등)로 완성품을 조리하지 않은 경우
   아) 지정된 수험자지참준비물 이외의 조리기술에 영향을 줄 수 있는 기구를 사용한 경우
   자) 가스레인지 화구 2개 이상(2개 포함) 사용한 경우
   차) 시험 중 시설·장비(칼, 가스레인지 등) 사용 시 시험위원 및 타수험자의 시험 진행에 위해를 일으킬 것으로 시험위원 전원이 합의하여 판단한 경우
   카) 요구사항에 표시된 실격 및 부정행위에 해당하는 경우
7) 항목별 배점은 위생상태 및 안전관리 5점, 조리기술 30점, 작품의 평가 15점입니다.
8) 시험시작 전 가벼운 몸 풀기(스트레칭) 동작으로 긴장을 풀고 시험을 시작합니다.

 ## 만드는 법

1. 끓는 물에 데친 토마토는 껍질과 씨를 제거하고 다진다.

2. 양파의 2/3는 0.8~1cm 두께의 원형(링)으로 썬다. 남은 양파, 당근, 셀러리는 0.2cm 두께로 채 썬다. 팬에 원형으로 썬 양파를 갈색이 나도록 구워 어니언 브루리를 만든다.

3. 달걀 흰자를 거품기를 이용하여 거품을 내준 뒤 소고기, 당근, 남은 양파, 셀러리, 토마토, 월계수 잎, 파슬리 등 향신료를 모두 넣어 섞는다.

4. 냄비에 구운 양파를 넣고 찬물 3컵을 붓고 은근하게 끓이면서 나무주걱으로 바닥에 눌지 않게 계속 저어주면서 끓어 오르면 가운데 구멍을 내주고 불을 최대한 줄이고 끓여 맑게 정제가 되면 면보에 거른 뒤 소금, 후추로 간을 하여 완성한다.

지급 재료

재료	분량
소고기 (살코기) 갈은 것	70g
양파 〈중(150g 정도)〉	1개
당근 (둥근 모양이 유지되게 등분)	40g
셀러리	30g
달걀	1개
소금 (정제염)	2g
검은 후춧가루	2g
검은 통후추	1개
파슬리 (잎, 줄기 포함)	1줄기
월계수 잎	1잎
토마토 〈중(150g 정도)〉	1/4개
비프스톡 (육수, 물로 대체 가능)	500ml
정향	1개

포인트 정리!

1. 채소는 얇게 채 썰어야 잘 우러난다.
2. 맑은 갈색의 수프이므로 불조절에 유의 한다.
3. 머랭투입시 불세기를 약하게 한다. 강하게 하면 머랭이 그대로 익어버린다. 이물질 제거를 하지 못한다.

미네스트로니 수프
Minestrone soup

Chapter 6. 양식 수프 조리 – 기능사 품목

이탈리안 채소 수프로써 야채와 함께 곡류를 넣어 걸쭉하게 끓인 수프이다. 쌀, 국수, 파스타를 넣어서 먹으면 곡류의 구수한 맛을 함께 즐길 수 있다.

요구 사항 ▶ 주어진 재료를 사용하여 다음과 같이 미네스트로니 수프를 만드시오.

시험시간 **30**분

- 가. 채소는 사방 1.2cm, 두께 0.2cm로 써시오.
- 나. 스트링빈스, 스파게티는 1.2cm의 길이로 써시오.
- 다. 국물과 고형물의 비율을 3 : 1 로 하시오.
- 라. 전체 수프의 양은 200mL 이상으로 하고 파슬리 가루를 뿌려 내시오.

수험자 유의사항

1) 만드는 순서에 유의하며, 위생과 숙련된 기능평가를 위하여 조리작업 시 맛을 보지 않습니다.
2) 지정된 수험자지참준비물 이외의 조리기구나 재료를 시험장내에 지참할 수 없습니다.
3) 지급재료는 시험 전 확인하여 이상이 있을 경우 시험위원으로부터 조치를 받고 시험 중에는 재료의 교환 및 추가지급은 하지 않습니다.
4) 요구사항 및 지급재료의 규격은 "정도"의 의미를 포함하며, 재료의 크기에 따라 가감하여 채점됩니다.
5) 위생복, 위생모, 앞치마, 마스크를 착용하여야 하며, 시험장비·조리기구 취급 등 안전에 유의합니다.
6) 다음 사항은 실격에 해당하여 **채점 대상에서 제외**됩니다.
    - 가) 수험자 본인이 시험 도중 시험에 대한 포기 의사를 표현하는 경우
    - 나) 위생복, 위생모, 앞치마, 마스크를 착용하지 않은 경우
    - 다) 시험시간 내에 과제 두 가지를 제출하지 못한 경우
    - 라) 문제의 요구사항대로 과제의 수량이 만들어지지 않은 경우
    - 마) 완성품을 요구사항의 과제(요리)가 아닌 다른 요리(예. 달걀말이→달걀찜)로 만든 경우
    - 바) 불을 사용하여 만든 조리작품이 작품특성에 벗어나는 정도로 타거나 익지 않은 경우
    - 사) 해당과제의 지급재료 이외 재료를 사용하거나, 요구사항의 조리기구(석쇠 등)로 완성품을 조리하지 않은 경우
    - 아) 지정된 수험자지참준비물 이외의 조리기술에 영향을 줄 수 있는 기구를 사용한 경우
    - 자) 가스레인지 화구 2개 이상(2개 포함) 사용한 경우
    - 차) 시험 중 시설·장비(칼, 가스레인지 등) 사용 시 시험위원 및 타수험자의 시험 진행에 위해를 일으킬 것으로 시험위원 전원이 합의하여 판단한 경우
    - 카) 요구사항에 표시된 실격 및 부정행위에 해당하는 경우
7) 항목별 배점은 위생상태 및 안전관리 5점, 조리기술 30점, 작품의 평가 15점입니다.
8) 시험시작 전 가벼운 몸 풀기(스트레칭) 동작으로 긴장을 풀고 시험을 시작합니다.

만드는 법

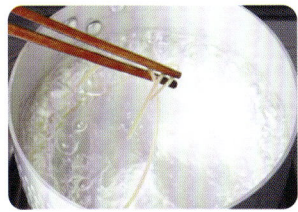

1. 끓는 물에 토마토를 데쳐 껍질과 씨를 제거하고, 스파게티 면을 삶아낸다.

2. 양파, 당근, 섬유질을 제거한 셀러리, 양배추, 무, 베이컨은 1.2cm×1.2cm×0.2cm 두께로 썬다.

3. 스트링빈스와 삶아진 스파게티면과 토마토는 1.2cm로 썰고 마늘은 다진다.

4. 냄비에 버터를 두르고 마늘을 넣어 볶다가 베이컨, 단단한 채소 순으로 넣고 볶는다.

5. 4의 냄비에 토마토 페이스트를 넣고 3분 정도 볶아준다.

6. 물 1.5컵과 토마토, 부케가르니를 넣어 끓이다가 스파게티, 스트링빈스, 완두콩을 첨가하고 소금과 후추로 간을 한 뒤 부케가르니를 건져내고 국물과 건더기의 비율을 3 : 1로 맞추어 200ml 이상 담고, 파슬리 가루를 뿌려낸다.

지급 재료

재료	분량
양파 〈중(150g 정도)〉	1/4개
셀러리	30g
당근 (둥근 모양이 유지되게 등분)	40g
무	10g
양배추	40g
버터 (무염)	5g
스트링빈스 (냉동, 채두 대체 가능)	2줄기
완두콩	5알
토마토 〈중(150g 정도)〉	1/8개
스파게티	2가닥
토마토 페이스트	15g
파슬리 (잎, 줄기 포함)	1줄기
베이컨 (길이 25~30cm)	1/2조각
마늘 〈중(깐 것)〉	1쪽
소금 (정제염)	2g
검은 후춧가루	2g
치킨 스톡 (물로 대체 가능)	200ml
월계수 잎	1잎
정향	1개

포인트 정리!

1. 단단한 채소 순으로 볶아준다.
2. 수프의 농도는 채소들의 볶음 정도와 끓여지는 과정에서 결정된다.
3. 재료의 종류가 많으므로 빠지지 않도록 체크한다.

피시차우더 수프
Fish chowder soup

Chapter 6. 양식 수프 조리 – **기능사** 품목

차우더의 어원은 라틴어로 따뜻하게 데워준다는 뜻이다.
흰색의 생선살을 이용하여 포타주로 만든 수프를 말한다.

요구 사항 ▶ 주어진 재료를 사용하여 다음과 같이 피시차우더 수프를 만드시오.

시험시간 **30**분

- 가. 차우더 수프는 화이트 루(roux)를 이용하여 농도를 맞추시오.
- 나. 채소는 0.7cm×0.7cm×0.1cm, 생선은 1cm×1cm×1cm 크기로 써시오.
- 다. 대구살을 이용하여 생선스톡을 만들어 사용하시오.
- 라. 수프는 200mL 이상으로 제출하시오.

수험자 유의 사항

1) 만드는 순서에 유의하며, 위생과 숙련된 기능평가를 위하여 조리작업 시 맛을 보지 않습니다.
2) 지정된 수험자지참준비물 이외의 조리기구나 재료를 시험장내에 지참할 수 없습니다.
3) 지급재료는 시험 전 확인하여 이상이 있을 경우 시험위원으로부터 조치를 받고 시험 중에는 재료의 교환 및 추가지급은 하지 않습니다.
4) 요구사항 및 지급재료의 규격은 "정도"의 의미를 포함하며, 재료의 크기에 따라 가감하여 채점됩니다.
5) 위생복, 위생모, 앞치마, 마스크를 착용하여야 하며, 시험장비·조리기구 취급 등 안전에 유의합니다.
6) 다음 사항은 실격에 해당하여 **채점 대상에서 제외**됩니다.
   - 가) 수험자 본인이 시험 도중 시험에 대한 포기 의사를 표현하는 경우
   - 나) 위생복, 위생모, 앞치마, 마스크를 착용하지 않은 경우
   - 다) 시험시간 내에 과제 두 가지를 제출하지 못한 경우
   - 라) 문제의 요구사항대로 과제의 수량이 만들어지지 않은 경우
   - 마) 완성품을 요구사항의 과제(요리)가 아닌 다른 요리(예, 달걀말이→달걀찜)로 만든 경우
   - 바) 불을 사용하여 만든 조리작품이 작품특성에 벗어나는 정도로 타거나 익지 않은 경우
   - 사) 해당과제의 지급재료 이외 재료를 사용하거나, 요구사항의 조리기구(석쇠 등)로 완성품을 조리하지 않은 경우
   - 아) 지정된 수험자지참준비물 이외의 조리기술에 영향을 줄 수 있는 기구를 사용한 경우
   - 자) 가스레인지 화구 2개 이상(2개 포함) 사용한 경우
   - 차) 시험 중 시설·장비(칼, 가스레인지 등) 사용 시 시험위원 및 타수험자의 시험 진행에 위해를 일으킬 것으로 시험위원 전원이 합의하여 판단한 경우
   - 카) 요구사항에 표시된 실격 및 부정행위에 해당하는 경우
7) 항목별 배점은 위생상태 및 안전관리 5점, 조리기술 30점, 작품의 평가 15점입니다.
8) 시험시작 전 가벼운 몸 풀기(스트레칭) 동작으로 긴장을 풀고 시험을 시작합니다.

 ## 만드는 법

1. 감자, 양파, 셀러리, 베이컨은 0.7cm×0.7cm×0.1cm 두께로 썰어 준비한다. 감자는 찬물에 담가 전분기를 빼준다.

2. 생선살은 사방 1cm 크기로 썰어 끓는 물에 월계수 잎과 정향(부케가르니)을 넣고 끓여 면보에 거른 뒤 국물은 피시스톡으로 사용하고 익힌 생선살은 따로 준비한다.

3. 팬에 버터를 두른 뒤, 베이컨, 양파, 셀러리, 감자를 각각 볶아 낸다.

4. 냄비에 버터를 녹이고 밀가루를 섞어 준 뒤 약불에서 서서히 볶아 화이트 루를 완성한다.

5. 완성된 화이트 루에 100ml 정도의 피시 스톡을 넣어 호화시킨다.

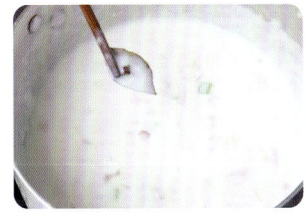
6. 5의 냄비에 볶은 채소, 베이컨을 넣고, 최종 수프의 농도를 우유로 맞춘 후, 생선살을 넣고 소금과 흰 후추로 간을 한 뒤, 그릇에 담아낸다.

 ## 지급 재료

재료	분량
대구살 (해동지급)	50g
감자 (150g 정도)	1/4개
베이컨 (길이 25~30cm)	1/2조각
양파 〈중(150g 정도)〉	1/6개
셀러리	30g
버터 (무염)	20g
밀가루 (중력분)	15g
우유	200ml
소금 (정제염)	2g
흰 후춧가루	2g
정향	1개
월계수 잎	1잎

포인트 정리!

1. 생선살이 줄어듦을 감안하여 썰어 준다.
2. 화이트 루를 타지 않게 볶는다.
3. 식으면 되직해지는 성질을 감안하여 농도를 맞춘다.

프렌치 어니언 수프
French onion soup

Chapter 6. 양식 수프 조리 – 기능사 품목

익혔을 때 단맛을 내는 양파의 특성을 이용하여 만든 맑은 수프이다.
토스트한 빵과 치즈를 곁들여 먹는 것이 다른 수프와 구별 된다.

요구 사항 ▶ 주어진 재료를 사용하여 다음과 같이 프렌치 어니언 수프를 만드시오.

시험시간 **30**분

가. 양파는 5cm 크기의 길이로 일정하게 써시오.
나. 바게트빵에 마늘버터를 발라 구워서 따로 담아내시오.
다. 수프의 양은 200mL 이상 제출하시오.

수험자 유의 사항

1) 만드는 순서에 유의하며, 위생과 숙련된 기능평가를 위하여 조리작업 시 맛을 보지 않습니다.
2) 지정된 수험자지참준비물 이외의 조리기구나 재료를 시험장내에 지참할 수 없습니다.
3) 지급재료는 시험 전 확인하여 이상이 있을 경우 시험위원으로부터 조치를 받고 시험 중에는 재료의 교환 및 추가지급은 하지 않습니다.
4) 요구사항 및 지급재료의 규격은 "정도"의 의미를 포함하며, 재료의 크기에 따라 가감하여 채점됩니다.
5) 위생복, 위생모, 앞치마, 마스크를 착용하여야 하며, 시험장비 · 조리기구 취급 등 안전에 유의합니다.
6) 다음 사항은 실격에 해당하여 **채점 대상에서 제외**됩니다.
   가) 수험자 본인이 시험 도중 시험에 대한 포기 의사를 표현하는 경우
   나) 위생복, 위생모, 앞치마, 마스크를 착용하지 않은 경우
   다) 시험시간 내에 과제 두 가지를 제출하지 못한 경우
   라) 문제의 요구사항대로 과제의 수량이 만들어지지 않은 경우
   마) 완성품을 요구사항의 과제(요리)가 아닌 다른 요리(예, 달걀말이→달걀찜)로 만든 경우
   바) 불을 사용하여 만든 조리작품이 작품특성에 벗어나는 정도로 타거나 익지 않은 경우
   사) 해당과제의 지급재료 이외 재료를 사용하거나, 요구사항의 조리기구(석쇠 등)로 완성품을 조리하지 않은 경우
   아) 지정된 수험자지참준비물 이외의 조리기술에 영향을 줄 수 있는 기구를 사용한 경우
   자) 가스레인지 화구 2개 이상(2개 포함) 사용한 경우
   차) 시험 중 시설 · 장비(칼, 가스레인지 등) 사용 시 시험위원 및 타수험자의 시험 진행에 위해를 일으킬 것으로 시험위원 전원이 합의하여 판단한 경우
   카) 요구사항에 표시된 실격 및 부정행위에 해당하는 경우
7) 항목별 배점은 위생상태 및 안전관리 5점, 조리기술 30점, 작품의 평가 15점입니다.
8) 시험시작 전 가벼운 몸 풀기(스트레칭) 동작으로 긴장을 풀고 시험을 시작합니다.

 ## 만드는 법

 ## 지급 재료

1. 양파는 껍질과 속의 얇은 막을 제거하고 5cm 길이로 정리하여 0.1cm 두께로 채를 썬다.

2. 파슬리는 곱게 다져서 수분을 제거하고, 다진 마늘과 버터를 파슬리와 혼합하여 바게트 빵에 발라 굽는다.

3. 냄비에 버터를 두른 뒤, 중간불에 양파를 넣고 볶아준다.

4. 양파에 백포도주와 물을 넣어가며 갈색이 나도록 반복하여 볶는다.

5. 4에 물 2컵을 넣고 센 불에서 끓이다가 거품을 제거하고 수프가 완성되면 소금, 후추로 간을 한다. 수프는 완성 그릇에 담고 구워낸 바게트 위에 파마산치즈 가루를 뿌려 별도의 접시에 담아낸다.

재료	분량
양파 중 (약 150g 정도)	1개
바게트 빵	1조각
버터 (무염)	20g
소금 (정제염)	2g
검은 후춧가루	1g
파마산 치즈가루	10g
백포도주	15ml
마늘 〈중(깐 것)〉	1쪽
파슬리 (잎, 줄기 포함)	1줄기
맑은 스톡 (비프스톡 또는 콘소메)	270ml

포인트 정리!

1. 양파를 얇게 채썰고 진한 갈색이 나도록 충분히 볶아준다.

2. 맑은 갈색의 수프이므로 센불에서 끓이다가 약불에서 서서히 끓여 완성한다.

3. 마늘빵은 타지 않게 토스트하고 치즈가루를 뿌려 제출한다.

포테이토 크림 수프
Potato cream soup

Chapter 6. 양식 수프 조리 – 기능사 품목

주재료를 삶아 으깨 퓌레, 블루테, 크림 등을 혼합하여 걸죽하게 만든 수프를 포타주라 한다. 흔히 크래커나 크루통, 옥수수 등을 띄워 완성된다.

요구 사항 ▶ 주어진 재료를 사용하여 다음과 같이 포테이토 크림수프를 만드시오.

시험시간 **30**분

가. 크루톤(crouton)의 크기는 사방 0.8cm ~ 1cm로 만들어 버터에 볶아 수프에 띄우시오.
나. 익힌 감자는 체에 내려 사용하시오.
다. 수프의 색과 농도에 유의하고 200mL 이상 제출하시오.

수험자 유의 사항

1) 만드는 순서에 유의하며, 위생과 숙련된 기능평가를 위하여 조리작업 시 맛을 보지 않습니다.
2) 지정된 수험자지참준비물 이외의 조리기구나 재료를 시험장내에 지참할 수 없습니다.
3) 지급재료는 시험 전 확인하여 이상이 있을 경우 시험위원으로부터 조치를 받고 시험 중에는 재료의 교환 및 추가지급은 하지 않습니다.
4) 요구사항 및 지급재료의 규격은 "정도"의 의미를 포함하며, 재료의 크기에 따라 가감하여 채점됩니다.
5) 위생복, 위생모, 앞치마, 마스크를 착용하여야 하며, 시험장비·조리기구 취급 등 안전에 유의합니다.
6) 다음 사항은 실격에 해당하여 **채점 대상에서 제외**됩니다.
   가) 수험자 본인이 시험 도중 시험에 대한 포기 의사를 표현하는 경우
   나) 위생복, 위생모, 앞치마, 마스크를 착용하지 않은 경우
   다) 시험시간 내에 과제 두 가지를 제출하지 못한 경우
   라) 문제의 요구사항대로 과제의 수량이 만들어지지 않은 경우
   마) 완성품을 요구사항의 과제(요리)가 아닌 다른 요리(예, 달걀말이→달걀찜)로 만든 경우
   바) 불을 사용하여 만든 조리작품이 작품특성에 벗어나는 정도로 타거나 익지 않은 경우
   사) 해당과제의 지급재료 이외 재료를 사용하거나, 요구사항의 조리기구(석쇠 등)로 완성품을 조리하지 않은 경우
   아) 지정된 수험자지참준비물 이외의 조리기술에 영향을 줄 수 있는 기구를 사용한 경우
   자) 가스레인지 화구 2개 이상(2개 포함) 사용한 경우
   차) 시험 중 시설·장비(칼, 가스레인지 등) 사용 시 시험위원 및 타수험자의 시험 진행에 위해를 일으킬 것으로 시험위원 전원이 합의하여 판단한 경우
   카) 요구사항에 표시된 실격 및 부정행위에 해당하는 경우
7) 항목별 배점은 위생상태 및 안전관리 5점, 조리기술 30점, 작품의 평가 15점입니다.
8) 시험시작 전 가벼운 몸 풀기(스트레칭) 동작으로 긴장을 풀고 시험을 시작합니다.

만드는 법

1. 감자는 껍질을 제거하고 반달 모양으로 얇게 슬라이스 하여 찬물에 담그어 전분기를 빼주고 양파와 대파는 흰부분만 얇게 채 썰기 한다.

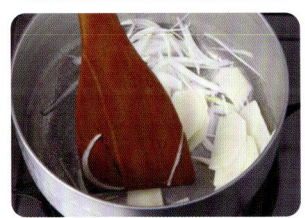

2. 냄비에 버터를 두르고 대파와 양파를 볶다가 수분을 제거한 감자를 넣어 볶는다.

3. 냄비에 물을 붓고 월계수 잎을 넣고 끓이면서 거품을 제거한다.

4. 감자가 익으면 육수는 체에 걸러 냄비에 담고 감자는 으깨어 육수와 혼합한다.

5. 식빵은 0.8cm~1cm 정도로 썰어 팬에 버터를 두르고 크루통을 만든다.

6. 으깬 감자와 육수를 혼합하여 끓이다가 생크림, 소금, 흰 후추를 넣어 완성그릇에 담고 크루통을 띄워 낸다.

지급재료

재료	수량
감자 (200g 정도)	1개
대파 (흰부분 10cm)	1토막
양파 〈중(150g 정도)〉	1/4개
버터 (무염)	15g
치킨 스톡 (물로 대체 가능)	270ml
생크림 (조리용)	20ml
식빵 (샌드위치 용)	1조각
소금 (정제염)	2g
흰 후춧가루	1g
월계수 잎	1잎

포인트 정리!

1. 감자는 얇게 썰어야 빨리 익고 채에 내리기도 쉽다.
2. 양파, 대파, 감자는 충분히 익혀야 한다.
3. 수프의 색과 농도를 맞춘다.

치킨알라킹
Chicken a´la king

Chapter 7. 양식 육류 조리 – 기능사 품목

왕이 먹던 닭고기 요리로 알려져 있는데 닭고기에 채소와 화이트 소스를 곁들인 영국풍의 요리이다.

요구 사항
▶ 주어진 재료를 사용하여 다음과 같이 치킨알라킹을 만드시오.

시험시간 **30**분

가. 완성된 닭고기와 채소, 버섯의 크기는 1.8cm×1.8cm로 균일하게 하시오.
나. 닭뼈를 이용하여 치킨 육수를 만들어 사용하시오.
다. 화이트 루(roux)를 이용하여 베샤멜소스(bechamel sauce)를 만들어 사용하시오.

수험자 유의 사항
1) 만드는 순서에 유의하며, 위생과 숙련된 기능평가를 위하여 조리작업 시 맛을 보지 않습니다.
2) 지정된 수험자지참준비물 이외의 조리기구나 재료를 시험장내에 지참할 수 없습니다.
3) 지급재료는 시험 전 확인하여 이상이 있을 경우 시험위원으로부터 조치를 받고 시험 중에는 재료의 교환 및 추가지급은 하지 않습니다.
4) 요구사항 및 지급재료의 규격은 "정도"의 의미를 포함하며, 재료의 크기에 따라 가감하여 채점됩니다.
5) 위생복, 위생모, 앞치마, 마스크를 착용하여야 하며, 시험장비·조리기구 취급 등 안전에 유의합니다.
6) 다음 사항은 실격에 해당하여 **채점 대상에서 제외**됩니다.
   가) 수험자 본인이 시험 도중 시험에 대한 포기 의사를 표현하는 경우
   나) 위생복, 위생모, 앞치마, 마스크를 착용하지 않은 경우
   다) 시험시간 내에 과제 두 가지를 제출하지 못한 경우
   라) 문제의 요구사항대로 과제의 수량이 만들어지지 않은 경우
   마) 완성품을 요구사항의 과제(요리)가 아닌 다른 요리(예. 달걀말이→달걀찜)로 만든 경우
   바) 불을 사용하여 만든 조리작품이 작품특성에 벗어나는 정도로 타거나 익지 않은 경우
   사) 해당과제의 지급재료 이외 재료를 사용하거나, 요구사항의 조리기구(석쇠 등)로 완성품을 조리하지 않은 경우
   아) 지정된 수험자지참준비물 이외의 조리기술에 영향을 줄 수 있는 기구를 사용한 경우
   자) 가스레인지 화구 2개 이상(2개 포함) 사용한 경우
   차) 시험 중 시설·장비(칼, 가스레인지 등) 사용 시 시험위원 및 타수험자의 시험 진행에 위해를 일으킬 것으로 시험위원 전원이 합의하여 판단한 경우
   카) 요구사항에 표시된 실격 및 부정행위에 해당하는 경우
7) 항목별 배점은 위생상태 및 안전관리 5점, 조리기술 30점, 작품의 평가 15점입니다.
8) 시험시작 전 가벼운 몸 풀기(스트레칭) 동작으로 긴장을 풀고 시험을 시작합니다.

만드는 법

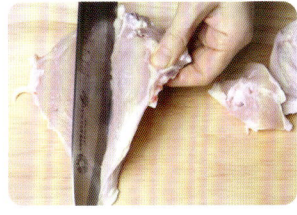
1. 닭다리는 뼈와 살을 발라 분리하고, 뼈는 찬물에 담가 핏물을 제거한다.

2. 닭살은 2cm×2cm로 균일하게 썬다.

3. 양파, 홍피망, 청피망, 양송이는 1.8cm×1.8cm로 썬다.

4. 냄비에 닭뼈와 양파, 월계수 잎, 정향을 넣고 중불에 끓여 육수를 만들고 체에 걸러준 뒤 육수에 썰어 놓은 닭살을 데쳐 익힌다.

5. 팬에 버터를 두르고 양파, 양송이, 피망 순으로 살짝 볶아낸다.

6. 냄비에 버터를 두르고 밀가루를 동량으로 혼합하여 볶아 화이트 루를 완성하고 치킨육수와 우유를 넣어 풀어준다.

7. 6의 냄비에 닭살을 넣어 끓이다가 양파, 양송이, 홍피망, 청피망 순으로 넣어주고 소금, 흰 후추로 간을 한 다음 생크림을 넣어 농도를 알맞게 해서 완성한다.

지급 재료

재료	분량
닭다리	1개
(한 마리 1.2kg 정도, 허벅지살 포함 반마리 지급 가능)	
청피망 〈중(75g 정도)〉	1/4개
홍피망 〈중(75g 정도)〉	1/6개
양파 〈중(150g 정도)〉	1/6개
양송이 (2개)	20g
버터 (무염)	20g
밀가루 (중력분)	15g
우유	150ml
정향	1개
생크림 (조리용)	20ml
소금 (정제염)	2g
흰 후춧가루	2g
월계수 잎	1잎

포인트 정리!

1. 닭은 주어진 재료를 전부 사용한다.
2. 스튜의 농도로 조절한다.
3. 모든 재료는 충분히 익힌다.
4. 닭 육수가 필요하므로 능숙한 닭 손질이 필요하다.
5. 정향은 양파에 꽂아 끓여준다.

치킨 커틀렛
Chicken cutlet

Chapter 7. 양식 육류 조리 – 기능사 품목

커틀렛이란 고기류나 생선류를 얇게 저민 후 넓게 펴서 빵가루 등을 묻혀 기름에 튀긴 음식을 일컫는 단어이다. 커틀렛의 앞 단어는 요리의 주재료를 붙이기도 한다.

요구 사항 ▶ 주어진 재료를 사용하여 다음과 같이 치킨 커틀렛을 만드시오.

시험시간 **30**분

가. 닭은 껍질째 사용하시오.
나. 완성된 커틀렛의 색에 유의하고 두께는 1cm로 하시오.
다. 딥팻후라이(deep fat frying)로 하시오.

수험자 유의 사항

1) 만드는 순서에 유의하며, 위생과 숙련된 기능평가를 위하여 조리작업 시 맛을 보지 않습니다.
2) 지정된 수험자지참준비물 이외의 조리기구나 재료를 시험장내에 지참할 수 없습니다.
3) 지급재료는 시험 전 확인하여 이상이 있을 경우 시험위원으로부터 조치를 받고 시험 중에는 재료의 교환 및 추가지급은 하지 않습니다.
4) 요구사항 및 지급재료의 규격은 "정도"의 의미를 포함하며, 재료의 크기에 따라 가감하여 채점됩니다.
5) 위생복, 위생모, 앞치마, 마스크를 착용하여야 하며, 시험장비 · 조리기구 취급 등 안전에 유의합니다.
6) 다음 사항은 실격에 해당하여 **채점 대상에서 제외**됩니다.
   가) 수험자 본인이 시험 도중 시험에 대한 포기 의사를 표현하는 경우
   나) 위생복, 위생모, 앞치마, 마스크를 착용하지 않은 경우
   다) 시험시간 내에 과제 두 가지를 제출하지 못한 경우
   라) 문제의 요구사항대로 과제의 수량이 만들어지지 않은 경우
   마) 완성품을 요구사항의 과제(요리)가 아닌 다른 요리(예, 달걀말이→달걀찜)로 만든 경우
   바) 불을 사용하여 만든 조리작품이 작품특성에 벗어나는 정도로 타거나 익지 않은 경우
   사) 해당과제의 지급재료 이외 재료를 사용하거나, 요구사항의 조리기구(석쇠 등)로 완성품을 조리하지 않은 경우
   아) 지정된 수험자지참준비물 이외의 조리기술에 영향을 줄 수 있는 기구를 사용한 경우
   자) 가스레인지 화구 2개 이상(2개 포함) 사용한 경우
   차) 시험 중 시설 · 장비(칼, 가스레인지 등) 사용 시 시험위원 및 타수험자의 시험 진행에 위해를 일으킬 것으로 시험위원 전원이 합의하여 판단한 경우
   카) 요구사항에 표시된 실격 및 부정행위에 해당하는 경우
7) 항목별 배점은 위생상태 및 안전관리 5점, 조리기술 30점, 작품의 평가 15점입니다.
8) 시험시작 전 가벼운 몸 풀기(스트레칭) 동작으로 긴장을 풀고 시험을 시작합니다.

 ## 만드는 법

1. 닭은 껍질이 붙은 채로 살을 발라내고 힘줄을 제거한 후, 앞뒤로 잔칼질을 하여 0.7cm 두께로 고르게 펴준 뒤 소금과 후추를 뿌려준다.

2. 1의 닭고기에 밀가루, 달걀물을 입힌다.

3. 2의 닭고기에 빵가루를 골고루 묻힌다.

4. 160~180℃의 튀김온도에서 황금색으로 튀겨낸다.

지급 재료

재료	분량
닭다리	1개
(한 마리 1.2kg 정도, 허벅지살 포함 반마리 지급 가능)	
달걀	1개
밀가루 (중력분)	30g
빵가루 (마른 것)	50g
소금 (정제염)	2g
검은 후춧가루	2g
식용유	500ml
냅킨 (흰색, 기름제거용)	2장

포인트 정리!

1. 닭다리(허벅지살)는 주어진 재료 전체를 사용한다.
2. 두께가 일정하도록 충분히 두들긴다.
3. 전체적으로 색이 나야되므로 튀김 기름의 온도를 수시로 체크한다.

비프스튜
Beef stew

Chapter 7. 양식 육류 조리 – 기능사 품목

스튜(stew)는 물과 여러 식재료를 섞어서 만드는 수프와 흡사한 요리 형태로 걸쭉하게 끓여서 넓은 접시에 내놓은 요리이다. 우리나라의 찜 요리와 비슷하다.

요구 사항 ▶ 주어진 재료를 사용하여 다음과 같이 비프스튜를 만드시오.

가. 완성된 소고기와 채소의 크기는 1.8cm의 정육면체로 하시오.
나. 브라운 루(brown roux)를 만들어 사용하시오.
다. 파슬리 다진 것을 뿌려 내시오.

시험시간 **40**분

수험자 유의 사항

1) 만드는 순서에 유의하며, 위생과 숙련된 기능평가를 위하여 조리작업 시 맛을 보지 않습니다.
2) 지정된 수험자지참준비물 이외의 조리기구나 재료를 시험장내에 지참할 수 없습니다.
3) 지급재료는 시험 전 확인하여 이상이 있을 경우 시험위원으로부터 조치를 받고 시험 중에는 재료의 교환 및 추가지급은 하지 않습니다.
4) 요구사항 및 지급재료의 규격은 "정도"의 의미를 포함하며, 재료의 크기에 따라 가감하여 채점됩니다.
5) 위생복, 위생모, 앞치마, 마스크를 착용하여야 하며, 시험장비·조리기구 취급 등 안전에 유의합니다.
6) 다음 사항은 실격에 해당하여 **채점 대상에서 제외**됩니다.
   가) 수험자 본인이 시험 도중 시험에 대한 포기 의사를 표현하는 경우
   나) 위생복, 위생모, 앞치마, 마스크를 착용하지 않은 경우
   다) 시험시간 내에 과제 두 가지를 제출하지 못한 경우
   라) 문제의 요구사항대로 과제의 수량이 만들어지지 않은 경우
   마) 완성품을 요구사항의 과제(요리)가 아닌 다른 요리(예, 달걀말이→달걀찜)로 만든 경우
   바) 불을 사용하여 만든 조리작품이 작품특성에 벗어나는 정도로 타거나 익지 않은 경우
   사) 해당과제의 지급재료 이외 재료를 사용하거나, 요구사항의 조리기구(석쇠 등)로 완성품을 조리하지 않은 경우
   아) 지정된 수험자지참준비물 이외의 조리기술에 영향을 줄 수 있는 기구를 사용한 경우
   자) 가스레인지 화구 2개 이상(2개 포함) 사용한 경우
   차) 시험 중 시설·장비(칼, 가스레인지 등) 사용 시 시험위원 및 타수험자의 시험 진행에 위해를 일으킬 것으로 시험위원 전원이 합의하여 판단한 경우
   카) 요구사항에 표시된 실격 및 부정행위에 해당하는 경우
7) 항목별 배점은 위생상태 및 안전관리 5점, 조리기술 30점, 작품의 평가 15점입니다.
8) 시험시작 전 가벼운 몸 풀기(스트레칭) 동작으로 긴장을 풀고 시험을 시작합니다.

 ## 만드는 법

1. 양파, 셀러리는 1.8cm로 썰고, 당근, 감자는 2cm 크기로 썰어 모서리를 다듬는다. 마늘과 파슬리는 곱게 다진다. 소고기는 사방 2cm로 썰어 핏물 제거 후 소금, 후추간을 한 다음 밀가루를 묻혀 둔다.

2. 팬에 버터를 두르고 마늘, 양파, 셀러리, 감자, 당근 순으로 볶고 소고기는 갈색이 나게 구워준다.

3. 냄비에 남은 버터와 동량의 밀가루를 넣어 브라운 루를 만든다. 불을 끈 다음 토마토 페이스트를 넣어 신맛이 없도록 볶는다. 이때, 불조절을 잘하여 타지않도록 한다.

4. 물 2컵 반 정도를 넣어 풀어주고, 월계수, 정향 그리고 감자, 당근, 소고기를 넣어 익혀준 뒤, 나머지 볶은 채소를 넣어 끓인다.

5. 소금, 후추로 간을 하고 월계수, 정향을 건져낸 후, 그릇에 담고 파슬리가루를 뿌려 완성한다.

지급 재료

재료	양
소고기 (살코기)	100g
당근 (둥근 모양이 유지되게 등분)	70g
양파 (중(150g 정도))	1/4개
셀러리	30g
감자 (150g 정도)	1/3개
마늘 (중(깐 것))	1쪽
토마토 페이스트	20g
밀가루 (중력분)	25g
버터 (무염)	30g
소금 (정제염)	2g
검은 후춧가루	2g
파슬리 (잎, 줄기 포함)	1줄기
월계수 잎	1잎
정향	1개

포인트 정리!

1. 주재료인 소고기는 사방 2cm로 썰어주고 타지 않게 충분히 구워준다.

2. 완성된 스튜에 감자와 당근은 완전하게 익힌 상태이어야 한다.

3. 브라운 루를 볶아 농도와 색을 맞춘다.

살리스버리 스테이크
Salisbury steak

Chapter 7. 양식 육류 조리 – 기능사 품목

영국의 후작이며 의사였던 살리스버리가 소고기를 먹고 체하는 사람들을 보고 다져 만들어 권장하였다 하여 붙여진 이름이다.

요구 사항 ▶ 주어진 재료를 사용하여 다음과 같이 살리스버리 스테이크를 만드시오. 시험시간 **40분**

- 가. 살리스버리 스테이크는 타원형으로 만들어 고기 앞, 뒤의 색을 갈색으로 구우시오.
- 나. 더운 채소(당근, 감자, 시금치)를 각각 모양 있게 만들어 곁들여 내시오.

수험자 유의 사항

1) 만드는 순서에 유의하며, 위생과 숙련된 기능평가를 위하여 조리작업 시 맛을 보지 않습니다.
2) 지정된 수험자지참준비물 이외의 조리기구나 재료를 시험장내에 지참할 수 없습니다.
3) 지급재료는 시험 전 확인하여 이상이 있을 경우 시험위원으로부터 조치를 받고 시험 중에는 재료의 교환 및 추가지급은 하지 않습니다.
4) 요구사항 및 지급재료의 규격은 "정도"의 의미를 포함하며, 재료의 크기에 따라 가감하여 채점됩니다.
5) 위생복, 위생모, 앞치마, 마스크를 착용하여야 하며, 시험장비ㆍ조리기구 취급 등 안전에 유의합니다.
6) 다음 사항은 실격에 해당하여 **채점 대상에서 제외**됩니다.
    - 가) 수험자 본인이 시험 도중 시험에 대한 포기 의사를 표현하는 경우
    - 나) 위생복, 위생모, 앞치마, 마스크를 착용하지 않은 경우
    - 다) 시험시간 내에 과제 두 가지를 제출하지 못한 경우
    - 라) 문제의 요구사항대로 과제의 수량이 만들어지지 않은 경우
    - 마) 완성품을 요구사항의 과제(요리)가 아닌 다른 요리(예, 달걀말이→달걀찜)로 만든 경우
    - 바) 불을 사용하여 만든 조리작품이 작품특성에 벗어나는 정도로 타거나 익지 않은 경우
    - 사) 해당과제의 지급재료 이외 재료를 사용하거나, 요구사항의 조리기구(석쇠 등)로 완성품을 조리하지 않은 경우
    - 아) 지정된 수험자지참준비물 이외의 조리기술에 영향을 줄 수 있는 기구를 사용한 경우
    - 자) 가스레인지 화구 2개 이상(2개 포함) 사용한 경우
    - 차) 시험 중 시설ㆍ장비(칼, 가스레인지 등) 사용 시 시험위원 및 타수험자의 시험 진행에 위해를 일으킬 것으로 시험위원 전원이 합의하여 판단한 경우
    - 카) 요구사항에 표시된 실격 및 부정행위에 해당하는 경우
7) 항목별 배점은 위생상태 및 안전관리 5점, 조리기술 30점, 작품의 평가 15점입니다.
8) 시험시작 전 가벼운 몸 풀기(스트레칭) 동작으로 긴장을 풀고 시험을 시작합니다.

 ## 만드는 법

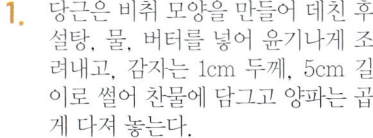 ## 지급 재료

1. 당근은 비취 모양을 만들어 데친 후 설탕, 물, 버터를 넣어 윤기나게 조려내고, 감자는 1cm 두께, 5cm 길이로 썰어 찬물에 담그고 양파는 곱게 다져 놓는다.

2. 시금치는 줄기를 제거하고 끓는 물에 소금을 넣어 데쳐 찬물에 헹궈 5cm 길이로 잘라 버터와 다진 양파를 넣고 볶아준다. 소고기 반죽에 넣을 양파를 버터에 볶아 식혀준다.

3. 감자는 끓는 물에 절반이 익도록 삶아 체에 건져 식힌 후, 기름에 노릇하게 튀겨내어 소금을 살짝 뿌려낸다.

4. 소고기에 볶은 양파, 빵가루, 달걀물, 우유, 소금, 후추를 넣고 치대어 반죽한다.

5. 살리스버리 스테이크는 구울 때 줄어드는 것을 감안하여 좀 더 크고 가운데 부분을 살짝 눌러 럭비공 모양을 만든다.

6. 팬에 기름을 두르고 스테이크를 갈색으로 타지 않게 구워 익혀 더운 채소와 함께 접시에 담는다.

재료	분량
소고기 (살코기 갈은 것)	130g
양파 〈중(150g 정도)〉	1/6개
달걀	1개
우유	10ml
빵가루 (마른 것)	20g
소금 (정제염)	2g
검은 후춧가루	2g
식용유	150ml
감자 (150g 정도)	1/2개
당근 (둥근 모양이 유지되게 등분)	70g
시금치	70g
백설탕	25g
버터 (무염)	50g

포인트 정리!

1. 가니쉬 재료의 색과 모양을 유지하여 완성한다.

2. 스테이크를 구울 때 모양의 변화가 있음을 감안하여 모양을 만든다. (구울 때 크기가 작아지며 가운데 부분은 두꺼워짐)

서로인 스테이크
Sirloin steak

Chapter 7. 양식 육류 조리 – 기능사 품목

소고기의 등심을 일컫는 loin은 존칭인 Sir을 사용하여 붙여진 이름이다.

요구 사항 ▶ 주어진 재료를 사용하여 다음과 같이 서로인 스테이크를 만드시오.

시험시간 **30분**

가. 스테이크는 미디움(medium)으로 구우시오.
나. 더운 채소(당근, 감자, 시금치)를 각각 모양 있게 만들어 함께 내시오.

수험자 유의 사항

1) 만드는 순서에 유의하며, 위생과 숙련된 기능평가를 위하여 조리작업 시 맛을 보지 않습니다.
2) 지정된 수험자지참준비물 이외의 조리기구나 재료를 시험장내에 지참할 수 없습니다.
3) 지급재료는 시험 전 확인하여 이상이 있을 경우 시험위원으로부터 조치를 받고 시험 중에는 재료의 교환 및 추가지급은 하지 않습니다.
4) 요구사항 및 지급재료의 규격은 "정도"의 의미를 포함하며, 재료의 크기에 따라 가감하여 채점됩니다.
5) 위생복, 위생모, 앞치마, 마스크를 착용하여야 하며, 시험장비ㆍ조리기구 취급 등 안전에 유의합니다.
6) 다음 사항은 실격에 해당하여 **채점 대상에서 제외**됩니다.
   가) 수험자 본인이 시험 도중 시험에 대한 포기 의사를 표현하는 경우
   나) 위생복, 위생모, 앞치마, 마스크를 착용하지 않은 경우
   다) 시험시간 내에 과제 두 가지를 제출하지 못한 경우
   라) 문제의 요구사항대로 과제의 수량이 만들어지지 않은 경우
   마) 완성품을 요구사항의 과제(요리)가 아닌 다른 요리(예. 달걀말이→달걀찜)로 만든 경우
   바) 불을 사용하여 만든 조리작품이 작품특성에 벗어나는 정도로 타거나 익지 않은 경우
   사) 해당과제의 지급재료 이외 재료를 사용하거나, 요구사항의 조리기구(석쇠 등)로 완성품을 조리하지 않은 경우
   아) 지정된 수험자지참준비물 이외의 조리기술에 영향을 줄 수 있는 기구를 사용한 경우
   자) 가스레인지 화구 2개 이상(2개 포함) 사용한 경우
   차) 시험 중 시설ㆍ장비(칼, 가스레인지 등) 사용 시 시험위원 및 타수험자의 시험 진행에 위해를 일으킬 것으로 시험위원 전원이 합의하여 판단한 경우
   카) 요구사항에 표시된 실격 및 부정행위에 해당하는 경우
7) 항목별 배점은 위생상태 및 안전관리 5점, 조리기술 30점, 작품의 평가 15점입니다.
8) 시험시작 전 가벼운 몸 풀기(스트레칭) 동작으로 긴장을 풀고 시험을 시작합니다.

 ## 만드는 법

1. 소고기는 핏물을 제거하고 손질해서 소금, 후추 간을 한다.

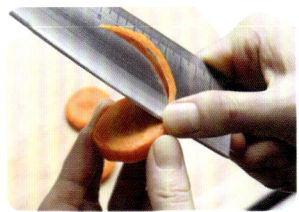
2. 당근은 0.5cm 두께로 썰어 비취 모양으로 3개 이상을 만든다.

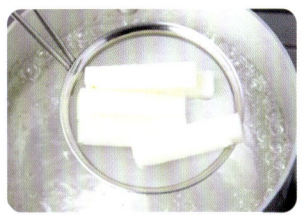
3. 감자는 1cm 두께, 5cm 길이로 4개 이상 썰어 찬물에 담갔다가 소금물에 데치고 기름에 노릇하게 튀겨 내어 소금을 살짝 뿌려낸다.

4. 비취모양의 당근은 끓는 물에 살짝 데치고 수분을 제거하여 버터, 물, 설탕을 혼합하여 윤기나게 그레이즈 한다.

5. 시금치는 줄기를 제거하고 끓는 소금물에 데쳤다가 찬물에 담가 식혀서 수분을 제거하고 버터에 다진 양파와 함께 볶아준다.

6. 팬에 식용유를 두르고 뜨거워지면 소고기를 넣고 미디움으로 구워 접시에 담고 더운 채소를 함께 곁들인다.

지급 재료

재료	용량
소고기 (등심 덩어리)	200g
감자 (150g 정도)	1/2개
당근 (둥근 모양이 유지되게 등분)	70g
시금치	70g
소금 (정제염)	2g
검은 후춧가루	1g
식용유	150ml
버터 (무염)	50g
백설탕	25g
양파 〈중(150g 정도)〉	1/6개

포인트 정리!

1. 소고기는 미디움으로 구워 제출한다.
2. 가니쉬는 재료의 색이 변하지 않도록 조리하여 담는다.

바베큐 폭찹
barbecued pork chop

Chapter 7. 양식 육류 조리 –  품목

바베큐란 통째로 굽는다는 뜻이고 여기서 폭은 돼지고기를 찹은 갈비뼈가 붙어있는 고기를 뜻한다.

요구 사항 ▶ 주어진 재료를 사용하여 다음과 같이 바베큐 폭찹을 만드시오.

시험시간 **40분**

가. 고기는 뼈가 붙은 채로 사용하고 고기의 두께는 1cm로 하시오.
나. 양파, 셀러리, 마늘은 다져 소스로 만드시오.
다. 완성된 소스는 농도에 유의하고 윤기가 나도록 하시오.

수험자 유의 사항

1) 만드는 순서에 유의하며, 위생과 숙련된 기능평가를 위하여 조리작업 시 맛을 보지 않습니다.
2) 지정된 수험자지참준비물 이외의 조리기구나 재료를 시험장내에 지참할 수 없습니다.
3) 지급재료는 시험 전 확인하여 이상이 있을 경우 시험위원으로부터 조치를 받고 시험 중에는 재료의 교환 및 추가지급은 하지 않습니다.
4) 요구사항 및 지급재료의 규격은 "정도"의 의미를 포함하며, 재료의 크기에 따라 가감하여 채점됩니다.
5) 위생복, 위생모, 앞치마, 마스크를 착용하여야 하며, 시험장비·조리기구 취급 등 안전에 유의합니다.
6) 다음 사항은 실격에 해당하여 **채점 대상에서 제외**됩니다.
   가) 수험자 본인이 시험 도중 시험에 대한 포기 의사를 표현하는 경우
   나) 위생복, 위생모, 앞치마, 마스크를 착용하지 않은 경우
   다) 시험시간 내에 과제 두 가지를 제출하지 못한 경우
   라) 문제의 요구사항대로 과제의 수량이 만들어지지 않은 경우
   마) 완성품을 요구사항의 과제(요리)가 아닌 다른 요리(예, 달걀말이→달걀찜)로 만든 경우
   바) 불을 사용하여 만든 조리작품이 작품특성에 벗어나는 정도로 타거나 익지 않은 경우
   사) 해당과제의 지급재료 이외 재료를 사용하거나, 요구사항의 조리기구(석쇠 등)로 완성품을 조리하지 않은 경우
   아) 지정된 수험자지참준비물 이외의 조리기술에 영향을 줄 수 있는 기구를 사용한 경우
   자) 가스레인지 화구 2개 이상(2개 포함) 사용한 경우
   차) 시험 중 시설·장비(칼, 가스레인지 등) 사용 시 시험위원 및 타수험자의 시험 진행에 위해를 일으킬 것으로 시험위원 전원이 합의하여 판단한 경우
   카) 요구사항에 표시된 실격 및 부정행위에 해당하는 경우
7) 항목별 배점은 위생상태 및 안전관리 5점, 조리기술 30점, 작품의 평가 15점입니다.
8) 시험시작 전 가벼운 몸 풀기(스트레칭) 동작으로 긴장을 풀고 시험을 시작합니다.

만드는 법

1. 양파와 셀러리는 0.3cm 정도로 썰고, 마늘은 다진다.

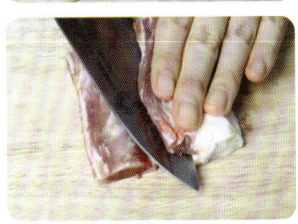
2. 돼지갈비는 살과 뼈가 붙어있는 상태로 저미며 살의 두께 0.7cm로 일정하게 만들고 소금, 후추 간을 한다.

3. 손질된 돼지갈비에 밀가루 옷을 입혀 팬에 식용유를 넣어 노릇하게 구워낸다.

4. 냄비에 버터를 두르고 마늘, 양파, 셀러리를 볶아준 다음, 케찹 2큰술, 물 1컵, 우스타소스, 황설탕, 핫소스, 월계수 잎을 넣고 끓인다.

5. 4의 냄비에 구워놓은 돼지갈비를 넣어 함께 끓인다.

6. 5의 소스 농도가 줄어들면 돼지갈비를 꺼내어 접시에 담고, 레몬즙을 뿌리고 소금, 후추로 간을 한 뒤 알맞은 농도로 소스를 완성하여 돼지갈비 위에 고르게 소스를 뿌려 완성한다.

지급 재료

재료	분량
돼지갈비 (살두께 5cm 이상, 뼈를 포함한 길이 10cm)	200g
토마토케찹	30g
우스터 소스	5ml
황설탕	10g
양파 〈중(150g 정도)〉	1/4개
소금 (정제염)	2g
검은 후춧가루	2g
셀러리	30g
핫 소스	5ml
버터 (무염)	10g
식초	10ml
월계수 잎	1잎
밀가루 (중력분)	10g
레몬 〈길이(장축)로 등분〉	1/6개
마늘 〈중(깐 것)〉	1쪽
비프스톡(육수) (물로 대체 가능)	200ml
식용유	30ml

포인트 정리!

1. 소스의 농도를 조절한다.
   (고기에 뿌렸을 때 자연스럽게 흘러야 된다.)

2. 돼지고기에 밀가루를 입혀 구울 시 두께가 두꺼워 짐을 감안하여 손질한다.

3. 소스에 들어가는 재료의 비율을 정확히 한다.

스파게티 카르보나라
Spaghetti al Carbonara

Chapter 8. 양식 파스타 조리 – 기능사 품목

중부 이탈리아에 위치한 라치오 지방의 음식으로 원래는 아페니니 산맥에서 석탄을 캐던 광부들이 휴식시간에 오랫동안 상하지 않고 먹을 수 있도록 소금에 절인 고기와 달걀 만으로 처음 만들어 먹기 시작한 것이 시초이며, 제2차 세계 대전 때 미국에서 변형되었다.

요구 사항 ▶ 주어진 재료를 사용하여 다음과 같이 스파게티 카르보나라를 만드시오.

시험시간 **30**분

- 가. 스파게티 면은 al dente(알 덴테)로 삶아서 사용하시오.
- 나. 파슬리는 다지고 통후추는 곱게 으깨서 사용하시오.
- 다. 베이컨은 1cm 크기로 썰어, 으깬 통후추와 볶아서 향이 잘 우러나게 하시오.
- 라. 생크림은 달걀노른자를 이용한 리에종(liaison)과 소스에 사용하시오.

수험자 유의 사항

1) 만드는 순서에 유의하며, 위생과 숙련된 기능평가를 위하여 조리작업 시 맛을 보지 않습니다.
2) 지정된 수험자지참준비물 이외의 조리기구나 재료를 시험장내에 지참할 수 없습니다.
3) 지급재료는 시험 전 확인하여 이상이 있을 경우 시험위원으로부터 조치를 받고 시험 중에는 재료의 교환 및 추가지급은 하지 않습니다.
4) 요구사항 및 지급재료의 규격은 "정도"의 의미를 포함하며, 재료의 크기에 따라 가감하여 채점됩니다.
5) 위생복, 위생모, 앞치마, 마스크를 착용하여야 하며, 시험장비·조리기구 취급 등 안전에 유의합니다.
6) 다음 사항은 실격에 해당하여 **채점 대상에서 제외**됩니다.
    - 가) 수험자 본인이 시험 도중 시험에 대한 포기 의사를 표현하는 경우
    - 나) 위생복, 위생모, 앞치마, 마스크를 착용하지 않은 경우
    - 다) 시험시간 내에 과제 두 가지를 제출하지 못한 경우
    - 라) 문제의 요구사항대로 과제의 수량이 만들어지지 않은 경우
    - 마) 완성품을 요구사항의 과제(요리)가 아닌 다른 요리(예, 달걀말이→달걀찜)로 만든 경우
    - 바) 불을 사용하여 만든 조리작품이 작품특성에 벗어나는 정도로 타거나 익지 않은 경우
    - 사) 해당과제의 지급재료 이외 재료를 사용하거나, 요구사항의 조리기구(석쇠 등)로 완성품을 조리하지 않은 경우
    - 아) 지정된 수험자지참준비물 이외의 조리기술에 영향을 줄 수 있는 기구를 사용한 경우
    - 자) 가스레인지 화구 2개 이상(2개 포함) 사용한 경우
    - 차) 시험 중 시설·장비(칼, 가스레인지 등) 사용 시 시험위원 및 타수험자의 시험 진행에 위해를 일으킬 것으로 시험위원 전원이 합의하여 판단한 경우
    - 카) 요구사항에 표시된 실격 및 부정행위에 해당하는 경우
7) 항목별 배점은 위생상태 및 안전관리 5점, 조리기술 30점, 작품의 평가 15점입니다.
8) 시험시작 전 가벼운 몸 풀기(스트레칭) 동작으로 긴장을 풀고 시험을 시작합니다.

 **만드는 법**

 **지급 재료**

 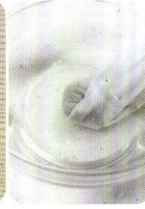

1. 재료는 깨끗이 손질하여 놓고, 베이컨은 1cm 크기로 썰고, 통후추는 곱게 으깨어 놓고, 파슬리는 곱게 다져 소창에 싸서 흐르는 물에 씻어 물기를 짜서 파슬리 가루를 만든다.

2. 끓는 물에 올리브 오일과 소금을 넣고 스파게티 면을 al dente(알 덴테)로 삶아 올리브유를 버무려 서로 붙지 않도록 잘 식힌다.

3. 생크림의 1/3에 달걀노른자를 풀어서 리에종(Liaison)을 만들어 놓는다.

4. 팬에 버터를 넣고 베이컨과 으깬 통후추를 볶아준다. 베이컨은 타지 않도록 하며 통후추의 향이 잘 우러나게 볶는다.

5. 베이컨에 스파게티를 넣고 잘 볶아준 후 생크림을 넣어 저어준 후 불을 끄고 리에종을 넣어 소스가 분리되지 않게 농도를 잘 맞추어 스파게티와 크림소스가 잘 어우러지도록 한다.

6. 5에 다진 파슬리, 파마산 치즈 가루를 넣어 버무려 완성한다.

스파게티면 (건조 면)	80g
올리브 오일	20mL
버터 (무염)	20g
생크림	180mL
베이컨 (길이 25~30cm)	1조각
달걀	1개
파마산 치즈가루	10g
파슬리 (잎, 줄기 포함)	1줄기
소금 (정제염)	5g
검은 통후추	5개
식용유	20mL

포인트 정리!

1. 알 덴테(al dente, al dante) : 스파게티면을 삶았을 때의 가운데 심이 약간 있는 듯 하게 안쪽에서 단단함이 살짝 느껴질 정도를 말한다. 이로 끊어 보아서 너무 부드럽지도 않고 과다하게 조리되어 물컹거리지도 않아 약간의 저항력을 가지고 있어 씹는 촉감이 느껴지는 것을 말한다.

토마토소스 해산물 스파게티
Seafood spaghetti tomato sauce

Chapter 8. 양식 파스타 조리 – *기능사* 품목

이탈리아는 3면이 바다인 반도 국가로 해산물이 풍부하여 토마토소스를 이용한 가장 대표적인 스파게티 이다.

요구 사항 ▶ 주어진 재료를 사용하여 다음과 같이 토마토소스 해산물 스파게티를 만드시오.

시험시간 **35분**

가. 스파게티 면은 al dente(알 덴테)로 삶아서 사용하시오.
나. 조개는 껍질째, 새우는 껍질을 벗겨 내장을 제거하고, 관자살은 편으로 썰고, 오징어는 0.8cm×5cm 크기로 썰어 사용하시오.
다. 해산물은 화이트와인을 사용하여 조리하고, 마늘과 양파는 해산물 조리와 토마토소스 조리에 나누어 사용하시오.
라. 바질을 넣은 토마토소스를 만들어 사용하시오.
마. 스파게티는 토마토소스에 버무리고 다진 파슬리와 슬라이스 한 바질을 넣어 완성하시오.

수험자 유의 사항

1) 만드는 순서에 유의하며, 위생과 숙련된 기능평가를 위하여 조리작업 시 맛을 보지 않습니다.
2) 지정된 수험자지참준비물 이외의 조리기구나 재료를 시험장내에 지참할 수 없습니다.
3) 지급재료는 시험 전 확인하여 이상이 있을 경우 시험위원으로부터 조치를 받고 시험 중에는 재료의 교환 및 추가지급은 하지 않습니다.
4) 요구사항 및 지급재료의 규격은 "정도"의 의미를 포함하며, 재료의 크기에 따라 가감하여 채점됩니다.
5) 위생복, 위생모, 앞치마, 마스크를 착용하여야 하며, 시험장비·조리기구 취급 등 안전에 유의합니다.
6) 다음 사항은 실격에 해당하여 **채점 대상에서 제외**됩니다.
   가) 수험자 본인이 시험 도중 시험에 대한 포기 의사를 표현하는 경우
   나) 위생복, 위생모, 앞치마, 마스크를 착용하지 않은 경우
   다) 시험시간 내에 과제 두 가지를 제출하지 못한 경우
   라) 문제의 요구사항대로 과제의 수량이 만들어지지 않은 경우
   마) 완성품을 요구사항의 과제(요리)가 아닌 다른 요리(예, 달걀말이→달걀찜)로 만든 경우
   바) 불을 사용하여 만든 조리작품이 작품특성에 벗어나는 정도로 타거나 익지 않은 경우
   사) 해당과제의 지급재료 이외 재료를 사용하거나, 요구사항의 조리기구(석쇠 등)로 완성품을 조리하지 않은 경우
   아) 지정된 수험자지참준비물 이외의 조리기술에 영향을 줄 수 있는 기구를 사용한 경우
   자) 가스레인지 화구 2개 이상(2개 포함) 사용한 경우
   차) 시험 중 시설·장비(칼, 가스레인지 등) 사용 시 시험위원 및 타수험자의 시험 진행에 위해를 일으킬 것으로 시험위원 전원이 합의하여 판단한 경우
   카) 요구사항에 표시된 실격 및 부정행위에 해당하는 경우
7) 항목별 배점은 위생상태 및 안전관리 5점, 조리기술 30점, 작품의 평가 15점입니다.
8) 시험시작 전 가벼운 몸 풀기(스트레칭) 동작으로 긴장을 풀고 시험을 시작합니다.

만드는 법

1. 재료는 깨끗이 손질하여 놓고, 마늘과 양파는 곱게 다지고, 방울토마토는 반으로 갈라 둔다.

2. 파슬리는 곱게 다져 소창에 싸서 흐르는 물에 씻어 물기를 짜서 준비하고 바질은 슬라이스 해 둔다.

3. 끓는 물에 올리브 오일과 소금을 넣고 스파게티를 al dente(알 덴테)로 삶아 올리브유를 버무려 서로 붙지 않도록 잘 식힌다.

4. 올리브 오일에 마늘과 양파를 넣어 볶다가 잘게 썬 토마토(캔)와 국물, 바질 1/2을 넣어 끓인다.

5. 조개는 해감하여 깨끗이 씻고, 오징어는 껍질과 내장을 제거 후 0.8×5cm로 썰어준다. 새우도 껍질과 내장을 제거하고, 관자는 막을 떼어낸 후 편 썰어 준비한다.

6. 올리브 오일에 마늘과 양파, 해산물을 순서대로 볶고 화이트 와인을 넣어 졸여준 후, 방울토마토를 넣고 볶는다. 볶은 해산물에 토마토 소스를 넣고 끓이다가 스파게티 면을 넣고, 소스와 잘 어우러지도록 한 후 슬라이스한 바질, 다진 파슬리를 넣어 버무려 완성한다.

지급 재료

재료	분량
스파게티 (건조 면)	70g
토마토 (캔) (홀필드, 국물 포함)	300g
마늘	3쪽
양파 (중 150g 정도)	1/2개
바질 (신선한 것)	4잎
파슬리 (잎, 줄기 포함)	1줄기
방울토마토 (붉은색)	2개
올리브 오일	40mL
새우 (껍질 있는 것)	3마리
모시조개 (지름 3cm 정도, 바지락 대체 가능)	3개
오징어 (몸통)	50g
관자살 (50g 정도)	1개(작은 관자 3개 정도)
화이트 와인	20mL
소금	5g
흰 후춧가루	5g
식용유	20mL

포인트 정리!

1. 알 덴테(al dente, al dante) : 스파게티면을 삶았을 때의 가운데 심이 약간 있는 듯 하게 안쪽에서 단단함이 살짝 느껴질 정도를 말한다. 이로 끊어 보아서 너무 부드럽지도 않고 과다하게 조리되어 물컹거리지도 않아 약간의 저항력을 가지고 있어 씹는 촉감이 느껴지는 것을 말한다.

이탈리안 미트소스
Italian meat sauce

Chapter 9. 양식 소스 조리 – 기능사 품목

이탈리아의 라구볼로네제 소스를 일컫는 소스로 농도에 따라 스파게티나 라자냐요리에 함께 쓰이는 소스이다.

요구 사항 ▶ 주어진 재료를 사용하여 다음과 같이 이탈리안 미트소스를 만드시오.

시험시간 **30분**

가. 모든 재료는 다져서 사용하시오.
나. 그릇에 담고 파슬리 다진 것을 뿌려내시오.
다. 소스는 150mL 이상 제출하시오.

수험자 유의 사항

1) 만드는 순서에 유의하며, 위생과 숙련된 기능평가를 위하여 조리작업 시 맛을 보지 않습니다.
2) 지정된 수험자지참준비물 이외의 조리기구나 재료를 시험장내에 지참할 수 없습니다.
3) 지급재료는 시험 전 확인하여 이상이 있을 경우 시험위원으로부터 조치를 받고 시험 중에는 재료의 교환 및 추가지급은 하지 않습니다.
4) 요구사항 및 지급재료의 규격은 "정도"의 의미를 포함하며, 재료의 크기에 따라 가감하여 채점됩니다.
5) 위생복, 위생모, 앞치마, 마스크를 착용하여야 하며, 시험장비·조리기구 취급 등 안전에 유의합니다.
6) 다음 사항은 실격에 해당하여 **채점 대상에서 제외**됩니다.
   가) 수험자 본인이 시험 도중 시험에 대한 포기 의사를 표현하는 경우
   나) 위생복, 위생모, 앞치마, 마스크를 착용하지 않은 경우
   다) 시험시간 내에 과제 두 가지를 제출하지 못한 경우
   라) 문제의 요구사항대로 과제의 수량이 만들어지지 않은 경우
   마) 완성품을 요구사항의 과제(요리)가 아닌 다른 요리(예, 달걀말이→달걀찜)로 만든 경우
   바) 불을 사용하여 만든 조리작품이 작품특성에 벗어나는 정도로 타거나 익지 않은 경우
   사) 해당과제의 지급재료 이외 재료를 사용하거나, 요구사항의 조리기구(석쇠 등)로 완성품을 조리하지 않은 경우
   아) 지정된 수험자지참준비물 이외의 조리기술에 영향을 줄 수 있는 기구를 사용한 경우
   자) 가스레인지 화구 2개 이상(2개 포함) 사용한 경우
   차) 시험 중 시설·장비(칼, 가스레인지 등) 사용 시 시험위원 및 타수험자의 시험 진행에 위해를 일으킬 것으로 시험위원 전원이 합의하여 판단한 경우
   카) 요구사항에 표시된 실격 및 부정행위에 해당하는 경우
7) 항목별 배점은 위생상태 및 안전관리 5점, 조리기술 30점, 작품의 평가 15점입니다.
8) 시험시작 전 가벼운 몸 풀기(스트레칭) 동작으로 긴장을 풀고 시험을 시작합니다.

 만드는 법

1. 마늘, 양파를 곱게 다진다.

2. 셀러리는 섬유질을 제거하고 곱게 다진다.

3. 캔 토마토를 다지고, 파슬리는 곱게 다져 면보에 넣고 찬물에 헹궈 수분을 제거한다.

4. 냄비에 버터를 두르고 마늘을 볶다가 소고기, 양파, 셀러리 순으로 볶아서 익힌다.

5. 4의 냄비에 토마토 페이스트를 넣고 충분히 볶다가 다진 캔 토마토를 넣어준다.

6. 물 1.5컵과 월계수 잎을 넣어 센불에서 끓이다가 끓어오르면 거품을 제거하고 약불에서 끓여 농도를 낸 뒤 소금, 후추로 간을 하여 그릇에 담고 다진 파슬리를 뿌린다.

지급 재료

재료	수량
양파 〈중(150g 정도)〉	1/2개
소고기(살코기, 갈은 것)	60g
마늘 〈중(깐 것)〉	1쪽
캔 토마토 (고형물)	30g
버터 (무염)	10g
토마토 페이스트	30g
월계수 잎	1잎
파슬리 (잎, 줄기 포함)	1줄기
소금 (정제염)	2g
검은 후춧가루	2g
셀러리	30g

포인트 정리!

1. 국물과 건더기의 양을 조절한다. (파스타와 곁들이는 소스임을 감안하여 농도를 조절한다.)
2. 모든 재료는 같은 크기로 다진다.
3. 토마토홀은 쥬스와 함께 전량 사용한다.

홀렌다이즈 소스
Hollandaise sauce

Chapter 9. 양식 소스 조리 – **기능사** 품목

홀란드는 원래 네덜란드를 일컫는다.
네덜란드가 프랑스 식민지일 때 버터나 곡물로 바치던 것이 소스의 이름이 되었다.

요구 사항

▶ 주어진 재료를 사용하여 다음과 같이 홀렌다이즈 소스를 만드시오.

시험시간 **25**분

가. 양파, 식초를 이용하여 허브에센스(herb essence)를 만들어 사용하시오.
나. 정제 버터를 만들어 사용하시오.
다. 소스는 중탕으로 만들어 굳지 않게 그릇에 담아내시오.
라. 소스는 100mL 이상 제출하시오.

수험자 유의 사항

1) 만드는 순서에 유의하며, 위생과 숙련된 기능평가를 위하여 조리작업 시 맛을 보지 않습니다.
2) 지정된 수험자지참준비물 이외의 조리기구나 재료를 시험장내에 지참할 수 없습니다.
3) 지급재료는 시험 전 확인하여 이상이 있을 경우 시험위원으로부터 조치를 받고 시험 중에는 재료의 교환 및 추가지급은 하지 않습니다.
4) 요구사항 및 지급재료의 규격은 "정도"의 의미를 포함하며, 재료의 크기에 따라 가감하여 채점됩니다.
5) 위생복, 위생모, 앞치마, 마스크를 착용하여야 하며, 시험장비·조리기구 취급 등 안전에 유의합니다.
6) 다음 사항은 실격에 해당하여 **채점 대상에서 제외**됩니다.
   가) 수험자 본인이 시험 도중 시험에 대한 포기 의사를 표현하는 경우
   나) 위생복, 위생모, 앞치마, 마스크를 착용하지 않은 경우
   다) 시험시간 내에 과제 두 가지를 제출하지 못한 경우
   라) 문제의 요구사항대로 과제의 수량이 만들어지지 않은 경우
   마) 완성품을 요구사항의 과제(요리)가 아닌 다른 요리(예, 달걀말이→달걀찜)로 만든 경우
   바) 불을 사용하여 만든 조리작품이 작품특성에 벗어나는 정도로 타거나 익지 않은 경우
   사) 해당과제의 지급재료 이외 재료를 사용하거나, 요구사항의 조리기구(석쇠 등)로 완성품을 조리하지 않은 경우
   아) 지정된 수험자지참준비물 이외의 조리기술에 영향을 줄 수 있는 기구를 사용한 경우
   자) 가스레인지 화구 2개 이상(2개 포함) 사용한 경우
   차) 시험 중 시설·장비(칼, 가스레인지 등) 사용 시 시험위원 및 타수험자의 시험 진행에 위해를 일으킬 것으로 시험위원 전원이 합의하여 판단한 경우
   카) 요구사항에 표시된 실격 및 부정행위에 해당하는 경우
7) 항목별 배점은 위생상태 및 안전관리 5점, 조리기술 30점, 작품의 평가 15점입니다.
8) 시험시작 전 가벼운 몸 풀기(스트레칭) 동작으로 긴장을 풀고 시험을 시작합니다.

 ## 만드는 법

1. 냄비에 물 100ml, 채 썬 양파, 레몬, 파슬리 줄기, 월계수, 통후추, 식초 2 작은술을 넣어 끓여 수분을 1/2로 줄인다.

2. 완성된 향신초는 면보에 걸러 식힌다. (허브 에센스)

3. 냄비에 버터를 중불에서 젓지 않고 끓여 거품과 불순물을 제거하여 정제한다. (정제버터)

4. 물기 없는 볼에 달걀노른자와 허브에센스를 넣어 크림 형태가 될 때까지 거품기로 저어준다. 물을 데운 냄비 위에 면보를 깔고 볼을 얹은 뒤 정제버터를 조금씩 넣어가며 유화시킨다. 이때 되직해지면 레몬즙과 허브에센스로 농도를 조절한다. 소금, 흰 후추로 간하여 100ml 이상을 담아낸다.

지급 재료

달걀	2개
양파 〈중(150g 정도)〉	1/8개
식초	20ml
검은 통후추	3개
버터 (무염)	200g
레몬 〈길이(장축)로 등분〉	1/4개
월계수 잎	1잎
파슬리 (잎, 줄기 포함)	1줄기
소금 (정제염)	2g
흰 후춧가루	1g

포인트 정리!

1. 버터를 녹일때에는 서서히 녹여 불순물을 제거한다.
2. 노른자가 익지 않도록 부드럽게 잘 저어 익힌다.
3. 소스가 분리되지 않도록 하고 중탕해서 완성한다.

브라운 그래비 소스
Brown gravy sauce

Chapter 9. 양식 소스 조리 – 기능사 품목

다른 소스를 만들 때 주로 사용하는 모체소스의 일종으로 밀가루와 버터를 혼합하여 충분히 볶아서 만드는 소스이다.

요구 사항 ▶ 주어진 재료를 사용하여 다음과 같이 브라운 그래비 소스를 만드시오.

시험시간 30분

가. 브라운 루(brown roux)를 만들어 사용하시오.
나. 채소와 토마토 페이스트를 볶아서 사용하시오.
다. 소스의 양은 200mL 이상 만드시오.

수험자 유의 사항

1) 만드는 순서에 유의하며, 위생과 숙련된 기능평가를 위하여 조리작업 시 맛을 보지 않습니다.
2) 지정된 수험자지참준비물 이외의 조리기구나 재료를 시험장내에 지참할 수 없습니다.
3) 지급재료는 시험 전 확인하여 이상이 있을 경우 시험위원으로부터 조치를 받고 시험 중에는 재료의 교환 및 추가지급은 하지 않습니다.
4) 요구사항 및 지급재료의 규격은 "정도"의 의미를 포함하며, 재료의 크기에 따라 가감하여 채점됩니다.
5) 위생복, 위생모, 앞치마, 마스크를 착용하여야 하며, 시험장비·조리기구 취급 등 안전에 유의합니다.
6) 다음 사항은 실격에 해당하여 **채점 대상에서 제외**됩니다.
   가) 수험자 본인이 시험 도중 시험에 대한 포기 의사를 표현하는 경우
   나) 위생복, 위생모, 앞치마, 마스크를 착용하지 않은 경우
   다) 시험시간 내에 과제 두 가지를 제출하지 못한 경우
   라) 문제의 요구사항대로 과제의 수량이 만들어지지 않은 경우
   마) 완성품을 요구사항의 과제(요리)가 아닌 다른 요리(예, 달걀말이→달걀찜)로 만든 경우
   바) 불을 사용하여 만든 조리작품이 작품특성에 벗어나는 정도로 타거나 익지 않은 경우
   사) 해당과제의 지급재료 이외 재료를 사용하거나, 요구사항의 조리기구(석쇠 등)로 완성품을 조리하지 않은 경우
   아) 지정된 수험자지참준비물 이외의 조리기술에 영향을 줄 수 있는 기구를 사용한 경우
   자) 가스레인지 화구 2개 이상(2개 포함) 사용한 경우
   차) 시험 중 시설·장비(칼, 가스레인지 등) 사용 시 시험위원 및 타수험자의 시험 진행에 위해를 일으킬 것으로 시험위원 전원이 합의하여 판단한 경우
   카) 요구사항에 표시된 실격 및 부정행위에 해당하는 경우
7) 항목별 배점은 위생상태 및 안전관리 5점, 조리기술 30점, 작품의 평가 15점입니다.
8) 시험시작 전 가벼운 몸 풀기(스트레칭) 동작으로 긴장을 풀고 시험을 시작합니다.

 ## 만드는 법

1. 섬유질을 제거한 셀러리, 당근, 양파는 0.3cm 두께로 채썬다.

2. 팬에 소량의 버터를 두르고 셀러리, 당근, 양파를 갈색이 나도록 볶는다.

3. 냄비에 버터를 녹인 뒤 밀가루를 혼합하여 브라운 루를 만든다.

4. 3의 냄비에 토마토 페이스트를 넣고 충분히 볶아준다.
   불이 세면 토마토 페이스트가 쉽게 타므로 주의한다.

5. 4의 냄비에 물 2컵 반과 부케가르니, 볶은 채소를 넣고 거품을 제거하며 끓여준다.

6. 소스가 완성되면 소금, 후추 간을 하고 체에 걸러 그릇에 담는다.

지급 재료

재료	분량
밀가루 (중력분)	20g
브라운 스톡 (물로 대체 가능)	300ml
소금 (정제염)	2g
검은 후춧가루	1g
버터 (무염)	30g
양파 〈중(150g 정도)〉	1/6개
셀러리	20g
당근 (둥근 모양이 유지되게 등분)	40g
토마토 페이스트	30g
월계수 잎	1잎
정향	1개

포인트 정리!

1. 브라운 루를 타지 않게 볶는다.
2. 루는 소스의 농도와 양을 결정하므로 버터와 밀가루의 양을 조절한다.
3. 반드시 체에 걸러 소금과 후추 간을 하여 제출한다.

타르타르 소스
Tar tar sauce

Chapter 9. 양식 소스 조리 – 기능사 품목

tartar sauce는 마요네즈를 기본으로 한 소스의 일종이다.
생선요리, 튀김요리, 채소요리와 함께 곁들여 진다.

요구 사항 ▶ 주어진 재료를 사용하여 다음과 같이 타르타르 소스를 만드시오.

시험시간 **20분**

가. 다지는 재료는 0.2cm 크기로 하고 파슬리는 줄기를 제거하여 사용하시오.
나. 소스는 농도를 잘 맞추어 100mL 이상 제출하시오.

수험자 유의 사항

1) 만드는 순서에 유의하며, 위생과 숙련된 기능평가를 위하여 조리작업 시 맛을 보지 않습니다.
2) 지정된 수험자지참준비물 이외의 조리기구나 재료를 시험장내에 지참할 수 없습니다.
3) 지급재료는 시험 전 확인하여 이상이 있을 경우 시험위원으로부터 조치를 받고 시험 중에는 재료의 교환 및 추가지급은 하지 않습니다.
4) 요구사항 및 지급재료의 규격은 "정도"의 의미를 포함하며, 재료의 크기에 따라 가감하여 채점됩니다.
5) 위생복, 위생모, 앞치마, 마스크를 착용하여야 하며, 시험장비·조리기구 취급 등 안전에 유의합니다.
6) 다음 사항은 실격에 해당하여 **채점 대상에서 제외**됩니다.
   가) 수험자 본인이 시험 도중 시험에 대한 포기 의사를 표현하는 경우
   나) 위생복, 위생모, 앞치마, 마스크를 착용하지 않은 경우
   다) 시험시간 내에 과제 두 가지를 제출하지 못한 경우
   라) 문제의 요구사항대로 과제의 수량이 만들어지지 않은 경우
   마) 완성품을 요구사항의 과제(요리)가 아닌 다른 요리(예, 달걀말이→달걀찜)로 만든 경우
   바) 불을 사용하여 만든 조리작품이 작품특성에 벗어나는 정도로 타거나 익지 않은 경우
   사) 해당과제의 지급재료 이외 재료를 사용하거나, 요구사항의 조리기구(석쇠 등)로 완성품을 조리하지 않은 경우
   아) 지정된 수험자지참준비물 이외의 조리기술에 영향을 줄 수 있는 기구를 사용한 경우
   자) 가스레인지 화구 2개 이상(2개 포함) 사용한 경우
   차) 시험 중 시설·장비(칼, 가스레인지 등) 사용 시 시험위원 및 타수험자의 시험 진행에 위해를 일으킬 것으로 시험위원 전원이 합의하여 판단한 경우
   카) 요구사항에 표시된 실격 및 부정행위에 해당하는 경우
7) 항목별 배점은 위생상태 및 안전관리 5점, 조리기술 30점, 작품의 평가 15점입니다.
8) 시험시작 전 가벼운 몸 풀기(스트레칭) 동작으로 긴장을 풀고 시험을 시작합니다.

 ## 만드는 법

1. 달걀은 물을 붓고 소금을 넣어 완숙으로 삶은 뒤 흰자를 곱게 다지고 노른자는 체에 내려 둔다.

2. 양파는 다져 소금물에 담갔다가 수분을 제거한다.

3. 파슬리는 곱게 다져 수분을 제거하고 피클도 다진다.

4. 다진 흰자, 피클, 양파, 노른자, 마요네즈, 소금, 흰 후추를 넣어 혼합하고 레몬즙과 식초를 첨가하여 농도를 조절한다.

5. 혼합한 소스를 100ml 이상 담고 파슬리 가루를 뿌려 완성한다.

지급 재료

마요네즈	70g
오이피클 (개당 25~30g짜리)	1/2개
양파 〈중(150g 정도)〉	1/10개
파슬리 (잎, 줄기 포함)	1줄기
달걀	1개
소금 (정제염)	2g
흰 후춧가루	2g
레몬 〈길이(장축)로 등분〉	1/4개
식초	2ml

포인트 정리!

1. 모든 재료가 일정한 크기로 다져져야 된다.
2. 노른자가 퍼지지 않도록 맨 마지막에 넣어 완성한다.
3. 소스의 농도는 레몬즙으로만 맞춘다.
4. 삶은 달걀은 반드시 완숙이어야 하며 흰자, 노른자를 적당히 넣어 소스의 농도를 맞춘다.
5. 모든 재료는 수분제거를 해서 물기가 없게 해야 한다.

개인위생상태 및 안전관리 세부기준 안내

순번	구분	세부기준

1	위생복 상의	• 전체 흰색, 손목까지 오는 긴소매
		  – 조리과정에서 발생 가능한 안전사고(화상 등) 예방 및 식품위생(체모 유입방지, 오염도 확인 등) 관리를 위한 기준 적용
		  – 조리과정에서 편의를 위해 소매를 접어 작업하는 것은 허용
		  – 부직포, 비닐 등 화재에 취약한 재질이 아닐 것, 팔토시는 긴팔로 불인정
		• 상의 여밈은 위생복에 부착된 것이어야 하며 벨크로(일명 찍찍이), 단추 등의 크기, 색상, 모양, 재질은 제한하지 않음(단, 핀 등 별도 부착한 금속성은 제외)

2	위생복 하의	• 색상·재질무관, 안전과 작업에 방해가 되지 않는 발목까지 오는 긴바지 – 조리기구 낙하, 화상 등 안전사고 예방을 위한 기준 적용
3	위생모	• 전체 흰색, 빈틈이 없고 바느질 마감처리가 되어 있는 일반 조리장에서 통용되는 위생모 (모자의 크기, 길이, 모양, 재질(면·부직포 등)은 무관)
4	앞치마	• 전체 흰색, 무릎아래까지 덮이는 길이 – 상하일체형(목끈형) 가능, 부직포·비닐 등 화재에 취약한 재질이 아닐 것
5	마스크 (입가리개)	• 침액을 통한 위생상의 위해 방지용으로 종류는 제한하지 않음 (단, 감염병 예방법에 따라 마스크 착용 의무화 기간에는 '투명 위생 플라스틱 입가리개'는 마스크 착용으로 인정하지 않음)
6	위생화 (작업화)	• 색상 무관, 굽이 높지 않고 발가락·발등·발뒤꿈치가 덮여 안전 사고를 예방할 수 있는 깨끗한 운동화 형태
7	장신구	• 일체의 개인용 장신구 착용 금지(단, 위생모 고정을 위한 머리핀 허용)
8	두발	• 단정하고 청결할 것. 머리카락이 길 경우 흘러내리지 않도록 머리망을 착용하거나 묶을 것
9	손 / 손톱	• 손에 상처가 없어야하나, 상처가 있을 경우 보이지 않도록 할 것 (시험위원 확인 하에 추가 조치 가능) • 손톱은 길지 않고 청결하며 매니큐어, 인조손톱 등을 부착하지 않을 것
10	폐식용유 처리	• 사용한 폐식용유는 시험위원이 지시하는 적재장소에 처리할 것
11	교차오염	• 교차오염 방지를 위한 칼, 도마 등 조리기구 구분 사용은 세척으로 대신하여 예방할 것 • 조리기구에 이물질(예, 테이프)을 부착하지 않을 것
12	위생관리	• 재료, 조리기구 등 조리에 사용되는 모든 것은 위생적으로 처리하여야 하며, 조리용으로 적합한 것일 것
13	안전사고 발생 처리	• 칼 사용(손 베임) 등으로 안전사고 발생 시 응급조치를 하여야하며, 응급조치에도 지혈이 되지 않을 경우 시험진행 불가
14	눈금표시 조리도구	• 눈금표시된 조리기구 사용 허용 (**실격 처리되지 않음**, 2022년부터 적용) (단, 눈금표시에 재어가며 재료를 써는 조리작업은 조리기술 및 숙련도 평가에 반영)
15	부정 방지	• 위생복, 조리기구 등 시험장내 모든 개인물품에는 수험자의 소속 및 성명 등의 표식이 없을 것 (위생복의 개인 표식 제거는 테이프로 부착 가능)
16	테이프사용	• 위생복 상의, 앞치마, 위생모의 소속 및 성명을 가리는 용도로만 허용

※ 위 내용은 안전관리인증기준(HACCP) 평가(심사) 매뉴얼, 위생등급 가이드라인 평가 기준 및 시행상의 운영사항을 참고하여 작성된 기준입니다.

양식조리기능사 지참준비물 목록

지참준비물 목록

번호	재료명	규격	단위	수량	비고
1	강판	조리용	EA	1	
2	거품기(whipper)	중	EA	1	자동 및 반자동 제외
3	계량스푼	사이즈별	SET	1	
4	계량컵	200㎖	EA	1	
5	고무주걱	소	EA	1	
6	나무젓가락	40-50cm 정도	SET	1	
7	나무주걱	소	EA	1	
8	냄비	조리용	EA	1	시험장에도 준비되어 있음
9	다시백	10cm×12cm 정도	EA	1	
10	도마	흰색 또는 나무도마	EA	1	시험장에도 준비되어 있음
11	랩, 호일	조리용	EA	1	
12	볼(bowl)	크기 제한 없음	EA	1	시험장에도 준비되어 있음
13	소창 또는 면보	30*30cm 정도, 흰색	장	1	
14	쇠조리(혹은 체)	조리용	EA	1	시험장에도 준비되어 있음
15	앞치마	백색(남, 녀 공용)	EA	1	
16	연어나이프		EA	1	필요시 지참, 일반조리용칼로 대체 가능
17	위생모 또는 머리수건	백색	EA	1	
18	위생복	상의-백색, 하의-긴바지(색상무관)	벌	1	* 위생복장을 제대로 갖추지 않을경우는 감점처리됩니다 *
19	위생타올	면	매	1	
20	이쑤시개	–	EA	1	
21	종이컵	–	EA	1	
22	채칼(box grater)	중	EA	1	시저샐러드용으로만 사용
23	칼	조리용 칼, 칼집 포함	EA	1	
24	키친타올(종이)	주방용(소 18×20cm)	장	1	
25	테이블스푼	–	EA	2	숟가락으로 대체 가능
26	후라이팬	원형 또는 사각으로 바닥이 평평하며 특수 모양 성형이 없을 것	EA	1	시험장에도 준비되어 있음
27	상비의약품	손가락 골무, 밴드 등	EA	1	

※ 지참준비물의 수량은 최소 필요수량으로 수험자가 필요시 추가지참 가능합니다.

참고문헌

- Mary D. Donovan and Jennifer S. Armentrout(2001). book of soups : The Culinary Institute.
- 염진철·이상정·한춘섭·오석태·김종훈·경영일·고기철·권오천(2014). 『Basic Western Cuisine』. 서울 : 백산출판사.
- 이윤호·서민석·이상원(2012). 『기초 서양조리』. 서울 : 도서출판 효일.
- 송수익·김정수·박인수·장상준·채현석·안광열·유주희(2010). 『기초서양조리』. 서울 : 현문사.
- 염진철(2006). Basic Western Cuisine. 서울 : 백산출판사.
- 윤수선·김창렬·채현석·장상준·김정수·서강태(2013). 『가르드망제』. 서울 : 백산출판사.
- 윤수선·채현석·김정수(2010). 『주방관리』. 서울 : 백산출판사.
- 김소영(2012). 『세계 음식명 백과』. 서울 : 마로니에북스.
- 이종필·조성현·이지웅(2015). All about SAUCE. 서울 : 백산출판사.
- 염진철·엄영호·김상태·허정·이준열·손선익(2008). 『사진으로 보는 전문조리 용어해설』. 서울 : 백산출판사.
- 윤수선·김창렬·김정수(2013). 『호텔연회조리』. 서울 : 백산출판사.
- 윤수선·한춘섭·최수근·조용범·이준열(2015). 『조리용어해설』. 서울 : 지식인공동체 지식인.
- 최광수(2013). 『이탈리아 요리』. 서울 : 백산출판사.
- 조리교재발간위원회(2002). 『조리체계론』. 서울 : 한국외식정보.
- The Culinary Institute of America([2004]2006). Garde Manger the art and craft of the cold. kitchen. translated by 정혜정·이덕영·김태형·최민수·이은정·조용철. 서울 : (주)서울외국서적.
- The Culinary Institute of America(2012). Professional chef 9 edition.
- 김동원(2010). 『Desserts』. 비엔씨월드.
- 네이버 지식백과. http://terms.naver.com/. 2015년 10월 9일 검색.
- 두산세계대백과사전. http://terms.naver.com/list.nhn?cid=40942&categoryId=40942. 2015년 10월 9일 검색.
- 최수근(2010). 『최수근의 서양요리』. 서울 : 형설출판사.
- 최수근·조우현·장병동·최희진(2011). 『고급서양요리 이론과 실제』. 서울 : 형설출판사.
- 안토니오 심(2013). 『셰프 안토니오의 파스타』. 경기 : 도서출판 대가.
- 임성빈·심재호(2008). 『맛있는 이탈리아 요리(개정판)』. 서울 : 도서출판 효일.
- 임성빈·심재호·박헌진(2004). 『맛있는 이탈리아 요리』. 서울 : 도서출판 효일.
- 최광수(2013). 『이탈리아 요리』. 서울 : 백산출판사.
- 김동희·강란기·강영림·김용선·엄유희(2013). 『서양조리』. 경기 : 도서출판 유강.
- 김수연(2015). 『매일 달걀』. 서울 : 포북(forbook).
- 김진·이광일·우희섭·김윤성(2007). 『조리용어사전』. 경기 : 광문각.
- 이종필(2018). 『푸드 플레이팅』. 백산출판사.

양식조리기능사 실기 요약

브라운 스톡(30분)

1. 소뼈: 찬물(핏물 제거) – 데치기 – 굽기(식용유)
2. 양파, 당근, 셀러리(미르포아): 채썰기 – 갈색 나게 볶기(버터)
3. 토마토: 콩까세(껍질, 씨 제거) – 채썰기
4. 냄비: 물 2C + 소뼈, 미르포아, 토마토, 사세데피스(다시백에 월계수 잎, 파슬리 줄기, 정향, 다임, 통후추 넣은 것) 넣고 끓이기 – 거품 제거
5. 면보에 걸러 200ml 이상 담기

쉬림프 카나페(30분)

1. 식빵: 직경 4cm 원형 4개 – 토스트(약불) – 버터
2. 달걀: 돌려주며 삶기(소금) – 물이 끓은 후 12분 완숙 → 0.5cm 두께 원형으로 4개 썰기
3. 새우: 내장 제거(이쑤시개) – 파슬리 줄기, 레몬, 미르포아(양파, 당근, 셀러리) 넣어 끓인 물에 새우 데치기 – 껍질 제거
4. 빵 → 버터 → 달걀 → 새우 → 케첩 → 파슬리 순으로 얹어 담기

프렌치 프라이드 쉬림프(25분)

1. 새우 4마리: 내장 제거(이쑤시개) → 꼬리쪽 껍질 남기고 물총 제거 → 배쪽에 사선으로 칼집(소금, 흰후추) → 밀가루
2. 튀김옷: 달걀노른자 + 찬물 1~2T + 설탕 조금 + 소금 + 밀가루 3~4T + 달걀흰자 휘핑 3~4T
3. 160~180도 온도의 기름에서 튀기기
4. 가니쉬(파슬리, 레몬)와 담아내기

참치타르타르(30분)

1. 참치살: 해동(소금물) → 수분 제거 → 사방 0.3cm 스몰 다이스
2. 참치 타르타르: 참치 + 케이퍼, 그린올리브, 처빌, 양파 다진 것 + 레몬즙, 소금, 흰후추, 핫소스, 올리브오일(2t) → 퀜넬 형태로 3개 만들기
3. 채소 비네그레트 소스: 홍·황 파프리카, 오이, 양파, 파슬리, 딜 다진 것 + 올리브오일 1T + 식초 2t + 소금, 흰후추 혼합
4. 샐러드 부케: 롤라로사(붉은 잎상추), 치커리, 홍·황 파프리카 길게 썬 것, 차이브로 부케 만들기 – 오이에 홈을 파내어 샐러드 부케 꽂기
5. 샐러드 부케와 퀜넬 참치 타르타르 3개 위에 채소 비네그레트 뿌려 제출

BLT 샌드위치(30분)

1. 식빵: 굽기(약불) → 세워서 식혀주기 → 마요네즈 바르기
2. 양상추: 한입 크기(찬물)
3. 토마토: 0.5cm 두께 + 소금
4. 베이컨: 굽기 − 검은 후추 − 기름기 제거
5. 식빵 → 양상추, 베이컨 → 식빵 → 양상추, 토마토 → 식빵
6. 테두리 제거 후 4등분으로 잘라 담기

햄버거 샌드위치(30분)

1. 햄버거 빵: 버터 발라 굽기(약불)− 세워서 식히기
2. 소고기 곱게 다지기 + 양파, 셀러리: 다진 후 볶기 − 팬(수분 제거) + 소금, 검은 후추, 빵가루 2T + 달걀물 1T → 치댄 후 원형으로 모양잡기 → 0.7cm 두께, 지름은 햄버거빵보다 0.5~1cm 크게 만들기(완성 시 1cm 두께, 빵 크기와 맞게) − 팬에 미디움 웰던으로 굽기
3. 토마토: 0.5cm 두께 원형 + 소금
4. 양파: 0.5cm 두께 원형
5. 양상추: 빵 크기에 맞게
6. 빵 → 양상추 → 소고기 → 양파 → 토마토 → 빵, 반으로 잘라 담기

월도프 샐러드(20분)

1. 사과: 사방 1cm − 레몬즙 + 물에 담가 갈변 방지
2. 호두: 미지근한 물에 불리기 → 속껍질 제거(이쑤시개) − 4등분
3. 셀러리: 섬유질 제거 − 사방 1cm
4. 소스: 마요네즈 1~2T + 소금, 흰후추 → 사과, 셀러리, 호두에 버무리기
5. 접시에 양상추 깔고 담아내기

포테이토 샐러드(30분)

1. 감자: 사방 1cm − 삶기(소금) − 식히기
2. 양파: 다지기 − 소금물(매운맛 제거) − 수분 제거
3. 파슬리: 다져서 가루 만들기
4. 마요네즈 1~2T + 감자, 다진 양파, 파슬리 가루, 소금, 흰후추 넣어 버무리기
5. 접시에 담기

사우전아일랜드 드레싱(20분)

1. 달걀: 12분간 완숙 – 노른자 체에 내리기, 흰자 곱게 다지기
2. 양파: 다지기 – 소금물 – 수분 제거/ 피클, 청피망(수분 제거) : 0.2×0.2cm
3. 마요네즈 3 : 케찹 1 (분홍색) + 소금, 흰후추 + 레몬즙 + 달걀 흰자, 청피망, 피클, 양파와 혼합 – 식초와 노른자로 농도 조절
4. 그릇에 200ml 이상 담기

해산물 샐러드(30분)

1. 샐러드 채소(롤라로사, 양상추, 치커리): 찬물에 담가두기
2. 쿠르부용: 양파, 당근, 셀러리, 월계수잎, 통후추, 레몬 껍질, 마늘, 흰 부분, 물
3. 새우(내장 제거), 피홍합, 중합(해감), 관자살(막 제거 – 슬라이스): 쿠르부용에 데치기
4. 레몬 비네그레트 소스: 레몬즙 + 다진 마늘, 양파 + 식초 2t + 다진 딜 + 올리브오일 + 소금, 흰후추와 혼합
5. 접시에 채소, 해산물을 담고 소스 끼얹기

시저 샐러드(35분)

1. 로메인: 찬물 – 한입 크기
2. 마늘: 곱게 다지기
3. 식빵: 사방 1cm – 바삭하게 볶기(크루통)
4. 베이컨: 폭 1cm – 바삭하게 볶기 – 기름기 제거
5. 앤초비: 곱게 다지기
6. 파미지아노 레기아노: 강판에 갈기(1/2: 소스용, 1/2 가니쉬용)
7. 마요네즈 만들기: 달걀노른자 2개 + 카놀라 오일 300ml + 화이트와인식초, 레몬즙, 디종머스터드, 소금, 검은 후추 → 100g 이상 담기
8. 시저드레싱 만들기: 남은 마요네즈 + 다진 마늘, 다진 앤초비, 파미지아노 레기아노, 소금, 검은 후추, 올리브 오일→ 100g 이상 담기
9. 로메인 + 크루통 + 베이컨 + 시저드레싱에 버무리기 + 레기아노 치즈 뿌리기

스페니쉬 오믈렛(30분)

1. 베이컨, 양파, 청피망, 양송이, 토마토: 사방 0.5cm → 팬에 볶기(버터) → 케찹 전량 + 소금, 검은 후추를 넣어 수분 없게 볶기(흘러 나옴 방지)
2. 달걀 3개: 알끈 제거 → 체 → 소금, 생크림
3. 오믈렛 팬: 식용유, 버터 → 스크램블 후 볶은 채소 넣고 타원형으로 모양 잡기(나무젓가락만 사용) → 담기

치즈오믈렛(20분)

① 치즈: 사방 0.5cm

② 달걀 3개: 알끈 제거 → 체 → 소금, 생크림 + 치즈 1/2

③ 오믈렛팬: 식용유, 버터 → 스크램블 후 남은 치즈 넣고 타원형으로 모양잡기(나무젓가락만 사용) → 담기

비프 콘소메(40분)

① 토마토: 콩가세(껍질, 씨 제거) – 다지기

② 당근, 셀러리: 0.2cm 채

③ 양파: 2/3개 – 0.8~1cm 원형(링) 어니언브루리(양파를 갈색 나게 볶는 것)
  1/3개 – 0.2cm 채

④ 달걀: 흰자 휘핑

⑤ 냄비: 물 2~3C + 어니언브루리 + 채썬 채소 + 소고기 + 월계수 잎, 파슬리 줄기, 정향, 통후추, 토마토 + 흰자 머랭과 혼합 – 뭉근하게 오래 끓이기 – 맑은 수프가 올라 오면 소금, 검은 후추 넣기

⑥ 면보에 거른 후 200ml 이상 담기

미네스트로니 스프(30분)

① 토마토: 콩가세(씨, 껍질 제거) – 1.2cm / 스파게티면: 삶기 – 1.2cm

② 양파, 당근, 셀러리(섬유질 제거), 양배추, 무, 베이컨: 1.2×1.2×0.2cm

③ 완두콩, 스트링빈스: 데치기

④ 마늘: 다지기

⑤ 냄비: 버터 → 채소 베이컨, 마늘, 양파, 무, 당근, 셀러리, 양배추) + 토마토페이스트 1T + 토마토, 물 1.5C → 부케가르니(월계수잎, 정향, 파슬리줄기) + 완두콩, 스트링빈스, 스파게티면 → 소금, 검은 후추

⑥ 국물과 건더기 비율을 3 : 1로 하여 200ml 이상 담기 → 파슬리 가루 올리기

피시차우더 수프(30분)

① 흰살생선: 사방 1cm – 물 2c + 부케가르니(월계수잎, 정향)에 데피기 – 데친 물 남기기(생선육수)

② 양파, 감자, 셀러리: 0.7×0.7×0.1cm/ 베이컨: 사방 1cm – 팬에 각각 볶기

③ 화이트 루: 버터 1T + 밀가루 1T + 생선 육수 → 우유 → 볶은 채소, 생선살, 소금, 흰후추 순으로 끓이기

④ 200ml 이상 담기

프렌치 어니언 수프(30분)

❶ 양파: 속껍질 제거 - 5cm×0.2cm 채 썰기

❷ 냄비: 버터 → 양파채 → 백포도주와 물 조금씩 넣어가며 갈색 날 때까지 볶기 → 물 1.5C → 거품 제거 → 소금, 검은 후추

❸ 마늘빵: 버터 + 파슬리 가루 + 다진 마늘로 마늘버터 만들기 → 한쪽면에 발라 굽기 → 파마산치즈 가루 뿌리기

❹ 프렌치어니언수프(200ml 이상) 담고 마늘빵 따로 담기

포테이토 크림수프(30분)

❶ 감자: 슬라이스(찬물) - 전분기 제거

❷ 대파, 양파: 채

❸ 냄비: 버터 + 양파, 대파 볶기, 감자 → 물 2C → 월계수 잎 → 고운 체에 내리기 + 생크림 1T + 소금, 흰 후추 → 농도 맞춰 끓이기

❹ 식빵(크루통): 사방 1cm → 버터에 바삭하게 볶기 → 수프에 띄우기

❺ 200ml 이상 담기

치킨알라킹(30분)

❶ 닭다리살: 뼈와 살 분리 → 살: 2×2cm 크기 → 뼈: 찬물에 담갔다가 월계수, 정향 넣어 치킨스톡 만들기 → 스톡에 닭살 삶기 → 스톡 남기기

❷ 양송이, 청피망, 홍피망, 양파: 1.8×1.8cm → 버터에 각각 볶기

❸ 냄비: 화이트루(버터, 밀가루 동량) → 치킨스톡, 우유(베샤멜소스) → 볶은채소, 닭살 → 생크림, 소금, 흰 후추 넣어 끓이기 → 담기

치킨커틀렛(30분)

❶ 닭다리: 뼈 발라내기→ 껍질쪽에 칼집 넣은 후 살 두께 0.7cm(완성 1cm)로 맞추어 소금, 후추간

❷ 밀가루 → 달걀물→ 빵가루 묻히기

❸ 기름에 잠기게 하여(deep fat frying) 160~180도 정도에서 튀기기 - 담기

비프스튜(40분)

❶ 양파, 셀러리, 당근, 감자: 사방 1.8×1.8cm – 볶기(버터)

❷ 마늘: 다지기

❸ 소고기: 2×2cm + 소금, 검은 후추, 밀가루 → 팬에 마늘과 볶기

❹ 냄비: 브라운 루(버터, 밀가루 동량) + 토마토페이스트 → 물 2C 반, 부케가르니, 당근, 감자, 소고기 – 나머지 볶은 채소 – 소금, 후추 넣어 끓이기 → 담기 → 파슬리가루 올리기

살리스버리 스테이크(40분)

❶ 소고기: 곱게 다지기 + 소금, 검은 후추, 볶은 양파 + 빵가루, 우유, 달걀물 – 치댄 후 럭비공 모양 만들기

❷ 가니쉬

  1) 시금치: 데치기 → 5cm → 다진 양파랑 볶기 → 검은 후추, 소금
  2) 당근: 비취 모양 3~4개 → 데치기 → 물 + 설탕, 버터에 윤기나게 조리기
  3) 감자: 5×1cm 스틱 모양 → 삶기(1분) → 튀기기 + 소금

❸ 소고기 갈색 나게 굽기 → 가니쉬와 담아 내기

서로인 스테이크(30분)

❶ 소고기: 핏물, 지방, 근막 제거 + 소금, 검은 후추

❷ 가니쉬

  1) 시금치: 데치기 → 5cm → 다진 양파랑 볶기 → 검은 후추, 소금
  2) 당근: 비취 모양 3~4개 → 데치기 → 물 + 설탕, 버터에 윤기나게 조리기
  3) 감자: 5×1cm 스틱 모양 → 삶기(1분) → 튀기기 + 소금

❸ 소고기 미디움으로 굽기 → 가니쉬와 담아내기

바비큐 폭찹(40분)

❶ 양파, 셀러리, 마늘: 다지기

❷ 돼지갈비: 찬물 – 뼈에 살을 붙인 채 0.7cm 두께로 저며주기(완성 시 1cm) – 칼집 – 소금, 검은 후추 – 밀가루 – 팬에 굽기

❸ 채소 볶기 → 케찹, 물, 우스터소스, 황설탕, 핫소스, 식초, 월계수 잎 넣고 끓이기(소스) → 돼지갈비 넣어 윤기나게 조리기 → 소금, 후추, 레몬즙 → 갈비 담기 → 소스 끼얹기

스파게티 까르보나라(30분)

❶ 스파게티: 끓는 물, 소금, 식용유 → 삶기 6~7분(알 덴테) + 올리브오일

❷ 베이컨: 1cm / 통후추: 으깨기

❸ 파슬리: 다져서 수분 제거

❹ 리에종: 생크림 1/3 + 달걀노른자

❺ 팬: 약불 → 버터, 베이컨, 통후추 볶기 → 생크림 → 면 → 불 끄기 → 리에종 → 파마산치즈가루

❻ 말아서 담기 → 파슬리 가루

토마토소스 해산물 스파게티(35분)

❶ 스파게티: 끓는 물, 소금, 식용유 → 삶기 6~7분(알 덴테) + 올리브오일

❷ 모시조개: 소금물 해감

❸ 양파, 마늘: 0.3cm chop / 방울토마토: 1/2로 잘라 두기

❹ 바질: 채 썰기, 일부는 다지기 / 파슬리: 다지기

❺ 새우: 내장, 껍질 제거(꼬리에서 한마디 남기기) – 오징어: 5×0.8cm – 관자: 막 제거 – 편 썰기

❻ 토마토소스: 올리브오일 → 마늘·양파 다진 것 반, 다진 캔토마토, 다진 바질, 소금, 흰후추 → 끓이기

❼ 팬: 남은 마늘, 양파 → 조개 – 새우 – 관자 → 방울토마토, 화이트와인, 소금, 흰후추 → 토마토소스 → 면 순으로 넣어 익히기

❽ 담기 – 파슬리 가루, 바질채 올리기

이탈리안 미트소스(30분)

❶ 양파, 셀러리, 마늘, 토마토(콩까세): 다지기

❷ 소고기: 핏물 제거 / 파슬리: 다지기

❸ 냄비: 버터 → 양파, 마늘, 셀러리, 소고기 + 토마토페이스트 → 토마토, 물, 월계수 잎, 파슬리 줄기 + 소금, 검은 후추

❹ 150ml 이상 담기 – 파슬리 가루 올리기

홀렌다이즈(25분)

❶ 버터: 녹이기 – 이물질 제거하여 정제버터 만들기

❷ 허브 에센스: 양파 다진 것 + 레몬 껍질, 식초, 파슬리 줄기, 월계수 잎, 통후추, 물 1/2C → 반으로 조리기

❸ 달걀노른자 + 허브에센스 넣어 휘핑 → 중탕 볼하여 정제버터 조금씩 넣어가며 유화시키기 → 흰후추, 소금, 레몬즙

❹ 100ml 이상 담기

브라운그래비소스(30분)

❶ 당근, 양파, 셀러리: 채썰기 – 갈색 나게 볶기

❷ 냄비: 브라운 루(밀가루, 버터 동량) → 토마토 페이스트(볶아서 사용), 물, 부케가르니(월계수잎, 정향) + 소금, 검은 후추 → 체에 거르기

❸ 200ml 이상 담기

타르타르소스(20분)

❶ 달걀: 소금, 식초 → 12분 완숙으로 삶기(흰자: 0.2cm 다지기 / 노른자: 체에 내리기)

❷ 파슬리(잎만 사용), 피클, 양파(소금물): 0.2cm 다지기

❸ 마요네즈, 소금, 흰후추, 레몬즙 + 달걀흰자, 노른자(조금), 피클, 양파 혼합

❹ 100ml 이상 담기 – 파슬리 가루 올리기

양식조리기능사 실기

초 판 인 쇄 | 2019년 9월 2일
개정판9쇄 | 2025년 2월 25일

저　　자 | 김남근, 강란기
발 행 처 | 도서출판 유강
발 행 인 | 柳麟夏

출판등록 | ISBN 979-11-90591-00-3
주　　소 | 경기도 성남시 중원구 상대원동 144-3 우림라이온스벨리 5차 B동 412호
전　　화 | 010-5026-4204
총 무 과 | 031-750-0238
홈페이지 | www.ukang.co.kr

사　　진 | 황익상
디 자 인 | 옥별

정가 12,000원

- 잘못된 책은 교환해 드립니다.
- 저자와의 협의하에 인지를 생략합니다.
- 본 책의 무단복제 행위는 저작권법에 의거 5년 이하의 징역 또는 8,000만원 이하의 벌금에 처하거나 이를 병과할 수 있습니다.